鹭岛故事

陈章志 著

厦门大学出版社
XIAMEN UNIVERSITY PRESS
国家一级出版社
全国百佳图书出版单位

图书在版编目（CIP）数据

鹭岛故事 / 陈章志著. -- 厦门：厦门大学出版社，2025.9. -- ISBN 978-7-5615-9844-3

Ⅰ.K295.73

中国国家版本馆CIP数据核字第20256G6V56号

责任编辑　韩轲轲
美术编辑　张雨秋
技术编辑　朱　楷

出版发行　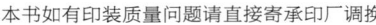
社　　址　厦门市软件园二期望海路39号
邮政编码　361008
总　　机　0592-2181111　0592-2181406(传真)
营销中心　0592-2184358　0592-2181365
网　　址　http://www.xmupress.com
邮　　箱　xmup@xmupress.com
印　　刷　厦门市竞成印刷有限公司

开本　889 mm×1 194 mm　1/32
印张　4.75
字数　87千字
版次　2025年9月第1版
印次　2025年9月第1次印刷
定价　48.00元

本书如有印装质量问题请直接寄承印厂调换

厦门大学出版社
微信二维码

厦门大学出版社
微博二维码

序一

近二十年来，因海峡两岸出版交流，我常去厦门。每次到厦门，一听说陈章志同志接待我，就十分兴奋。因为每次都能从他那里了解到厦门的许多历史人文知识，既增长了知识又很好地促进了工作。

收到《鹭岛故事》书稿之后，我才知道章志之所以能把厦门的故事讲得那么生动，得益于他对厦门历史变迁的深入研究。作为厦门市文旅局干部，兼厦门市政协特约文史研究员、厦门市地名专家库成员，多年来，在工作之余，陈章志实地考察地方文史遗存故迹，深入研究地方文史资料，日积月累，写了多篇关于鹭岛、鹭江的散文，之后整理成"陈述鹭岛故事"讲座课件，在厦门文史沙龙、厦大图书馆、鹭江讲坛等不同场合演讲了20余场次，现场听众对地方文史的兴趣，激发了章志将研究心得整理成书的想法，这便是他写作的初心。章志瞄准一条主线，就是厦门"鹭江""鹭岛"地名，不断探寻钩沉，终于汇成现有的篇章。

1987年联合国第五届地名标准化会议6号决议指出："地名是民族文化遗产"，2002年联合国第八届地名标准化会议9号决议重申地名是"国家历史

和文化遗产"，地名的重要性不言而喻。

我阅读了《鹭岛故事》，有几点印象，一是书中关于厦门地方文史的知识丰富。作者对厦门岛的地名历史变迁烂熟于心，信手拈来，在此基础上有比较、有感悟。每篇都有"小贴士"，所陈述内容均与厦门岛高度相关，读罢《鹭岛故事》，直觉其如同厦门岛地名的小百科。二是论从史出、史论结合、文献支撑。书中所援引的史料均有出处，观点有理有据，尤其"鹭岛得名于岛屿形似飞鹭"一说，一改过去"鹭岛得名于鹭鸟"的提法，论证过程可谓令人信服。三是文笔生动、图文并茂、可读性强。地方文史引经据典本来有些枯燥，容易掉书袋，但经作者演绎，辅以图文结合的方式，阅读下来，甚为简明轻松。

《鹭岛故事》，是一本关于鹭岛地方文史的小书，饱含作者对鹭岛的感情。他努力穷尽关于鹭岛的自然地理、历史地位、地名由来、人文主张、碑志图籍，渐次理清鹭岛因形得名的文史脉络。对于关注鹭岛前世今生的人们而言，《鹭岛故事》值得阅读。

是为序。

中国出版协会理事长　邬书林

序二

地方文史不是显学,对研究者而言,与所得劳酬或职称、业绩关联不大,但对一地的历史文化乃至经济发展却省略不得。形势疆域、风土人文、名胜物产、民俗特色的变迁衍化,与城市形象塑造、文创事业深度关联。

而研究者钻研故纸、田野调查,钩沉辨识、提炼总结,种种辛苦方有些许成果,借传媒流布。在信息铺天盖地的如今,结果刊出就如昙花一现。而更多的心得碎片,随探索行程散落于岁月尘烟中。地方文史研究因此被为学者自嘲是"坐冷板凳、吃冷猪头肉"——吃冷猪头肉是学问作成,若干年月后倘能为有良知的同好发现,对先行者表达敬意,列于参考文献中奉一瓣心香,当祭拜的冷猪头,就堪自慰心血终未枉费。更不幸者是甫一刊发,就被人抄去,洗稿或直接改名当"原创"去了——如今用AI操作更方便了。

但世间总有傻人,我的朋友陈章志兄亦属此类。他乐此不疲,从泉州到厦门,乐意当导游、解说员，推介厦门乃至此间的草木人文。十五年来，他在《厦门日报》《嘉禾之光》等刊发文史随笔以外，时不时举办讲座、志愿讲解，用心用力，久久为功，广种薄收，《鹭岛故事》乃其第一本专著。

厦门的主要别称鹭岛缘何而来？历来"古多白鹭"与"形似白鹭"两说争持不下。晚于《鹭江志》70年的《厦门志》(1839年刻印)就质疑"鹭江二字之义，未知所本"；一直到民国《厦门市志》，仍然困惑。今人看一眼如今地图，莫说仙鹭，连肥鹅也不像，围填成了个裂口的猕猴桃。章志先生偏偏选这看似无解的老题目研究，结论是厦门岛并非自古以来就称"鹭岛"，也并非直接来源于鹭鸟，而是起于形似、因形得名，厘清了似是而非的提法。特别是比照古今地图，我认为很有说服力，相信各位读后有相同结论。

我要赘言的是对作者研究风格的感慨：多视角观察与角度的特别。

章志先生从地名的政治属性、时代性甚至文字学、音韵学等多角度，细腻阐释明末本地文人为何萌发以鹭岛、鹭江、鹭洲、鹭门、鹭城等中性化、意象性的别称，来替代中左所、下门、厦门以及短暂的"思明州"。

而《鹭江志》的地域鸟类介绍中为何没有"鹭"？如果说作者的猜测说服力稍逊，那么以厦门人对白鹭的称呼"白翎鸶"民俗佐证，足见作者深罗密网打捞资料的功夫。

章志先生深谙"小切口、深挖井"的为学方法，在解说主旨之外，扩展出对厦门文史的一些新见解。例如关于以鹭为名的"洲""屿""岛""城"的时间判断，关于"鹭左"一名的解读，至少对我来说都属新知识。

　　通读《鹭岛故事》一书，可见作者知识面广，注重考据，逻辑推理触类旁通，自成体系。

　　《鹭岛故事》解答了古地名变迁这个厦门史研究的重要问题，可信度高，图文结合，有趣味、接地气，可读性强，诚为一本特点鲜明的厦门文史图书，当可助力于厦门创建历史文化名城目标的实现。

厦门晚报原总编辑　朱家麟

目录

- 引言　001
- **嘉禾里·同安县**　003
  - 山海相依一岛屿　005
  - 溯源同安嘉禾里　009
  - 宋元嘉禾本寂寞　017
  - 神话传说真不少　022

● 厦与门·中左所

周边别称有意思

因形得名何其多

有个村庄叫厦门

筑城防倭名中左

隆庆开禁月港兴

027　029　034　038　043　048

鹭与岛·思明州

登高望远鹭始现　053

经营鹭左思明州　055

厦门抬升鹭江传　063

地图给力有真相　074

海滨邹鲁傍朱子　079

故纸堆里觅鹭影　087

观念转变鹭褒贬　091

别名众多归鹭江　095

098

● 办特区·鹭飞扬

前人寻鹭留痕迹　107

特区催生一市鸟　109

白鹭洲畔说白鹭　114

白鹭文化添光彩　120

展望鹭江几乡愁　127

● 后记　131

136

引言

一座城市名称多，且能够流传，说明这座城是有故事、有文化的，是值得骄傲的。厦门在历史上有诸多名称，别具特色，值得深究。

"嘉禾""中左""思明""厦门"是官方命名。在唐朝贞元年间（785—805），厦门岛曾为泉州南安县所辖。现有的考古材料显示，唐代中叶这座岛屿曾一度有地名"新城"，之后名为"嘉禾"。"嘉禾"，代表这座岛屿的农耕文明。"中左"，全称为"永宁卫中左守御千户所"，与别的地名不一样，专指所城，是明朝洪武年间海防的产物；"思明"，则是明末清初南明郑成功集团与清军战争的结果，是一州之名；"厦门"地名沿用超过600年，原是一处村庄、烟墩的名字，尔后为"厦门城"，真正作为全岛的名称，始于清初，不到400年，作为城市正式名称，至今不足百年。厦门的洋名字"Amoy"，是这座城市国际化的标识，在海外风行了两个世纪。而"鹭岛""鹭江"，是厦门诗意浪漫的翅膀，是这座岛屿灵性所在，也是《鹭岛故事》关注的焦点所在。

在厦门，"鹭岛""鹭江"，可谓无人不知、无人不晓。"鹭岛""鹭江",是厦门岛的别称、雅称,具想象力、文艺范。但"鹭"从何来,众说纷纭,莫衷一是。

"鹭岛""鹭江"究竟从何而来?为什么"鹭江"可以代表全岛?"鹭"在厦门有什么样的地位?"鹭"与厦门城市有何缘分?……本书将围绕这座岛屿与白鹭的不解之缘,一一道来。

嘉禾里·同安县

树有根,水有源,这座以"嘉禾里"为名的海岛,地处九龙江出海口,清源、泉州、南安、同安是她的摇篮。农耕时代,嘉禾,一茎多出,嘉禾里,或许寄托着这座岛屿的丰收梦。

山海相依一岛屿

厦门地处中国福建省东南沿海、台湾海峡西岸，是东亚和东南亚之间的海上交通要冲，北纬24°23'~24°54'，东经117°52'~118°26'，东南与金门隔海相望，西接漳州龙海，北邻泉州安溪、南安，由厦门本岛、鼓浪屿、同安、集美、海沧、翔安等区域组成。厦门市土地面积1699.01平方公里，其中厦门岛四面环海，面积155.99平方公里（含鼓浪屿），在全国海

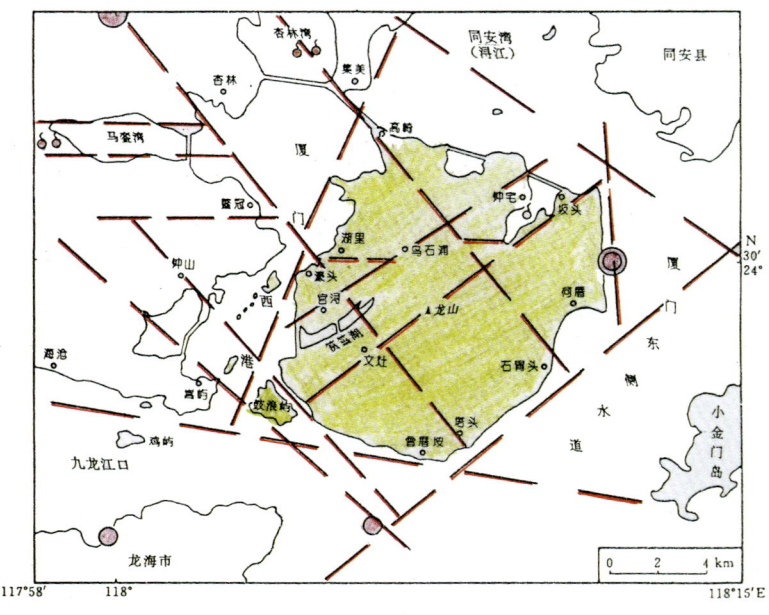

厦门地质构造略图
（图片来源：叶清：《厦门绮丽山水》，厦门大学出版社，2022年）

岛排名第十位。2024年末厦门市常住人口535万，其中厦门户籍人口309.03万。

厦门岛地处九龙江出海口，厦门岛、金门岛、鼓浪屿均为大陆岛。厦门岛主要由燕山晚期侵入的花岗岩构成，北东向长乐—诏安断裂带、东西向漳州—厦门断裂带以及北西向断裂带共同主导着厦门岛的地理构造，约7000万年前，厦门岛与大陆分离。

厦门岛上两条北东向断层：官浔—钟宅断层与文灶—坂美断层，形成筼筜港—钟宅断裂带，该断裂带横贯厦门岛中部，几乎把厦门本岛一分为二：西北部地表为侏罗纪火山岩及砂岩、粉砂岩、泥岩，东南部则是大面积燕山晚期花岗岩；西北部火山岩多为坡陡顶缓丘陵，东南部花岗岩区则坡陡峰尖、峰岭高峻。经海浪长时间冲刷，终成筼筜港—钟宅湾断陷港湾，两处港湾发育于7000万年前的中生代晚期至新生代早期，形成于距今4万～3万年前的晚更新世，这期间厦门岛历经四次海水进退，岛上万石山、东坪山现存众多海蚀岩就是遗存、例证。

厦门岛地理位置特殊，背倚大陆，面对台湾宝岛，扼守台湾海峡中段、九龙江出海口，前有大小金门、大担二担、浯屿诸岛，恰似天然屏障。地方史志评价厦门岛，系"台澎之门户，诚海疆要地也""金为泉郡之下臂，厦为漳郡之咽喉""门户之防也"。厦门镇南关曾有匾额题刻"闽海屏藩"，甚为恰当。

大自然给予厦门优越的自然条件，负山面海、山环水绕，具"一环数片、众星拱月"与"海在城中，城在海中"双重特点。一环，指的是厦门本岛；数片，指的是隶属厦门管辖的岛外区域，即海沧、集美、同安、翔安四个区，乃至鼓浪屿、大屿、青屿、大嶝、小嶝等周边岛屿，它们像星星一样拱卫着厦门岛。沿海城市不少，但国内类似厦门如此城海交融的城市委实不多。厦门海域面积333平方公里，如同蓝色彩绸飘荡在厦门岛周边，海中有岛，岛中有湖，湖中有洲，自成一派。

厦门地处亚热带，东临台湾海峡，属典型的亚热带海洋性气候，风力通常3~4级，清明之后以东北风为主，农历五月则转为南风，重阳节之后回归东北风，十月再转为西北风主导。夏季降雨集中，时有台风过境。厦门断裂带构造发育出诸多岸线海湾，在道光《厦门志》一书里，渡口码头就有得胜、岛美、典宝、打铁、水仙宫、寮仔后、竹树脚、洪本部、五通、东渡、石湖、东澳、打石字、牛家村等，各渡口的航线、功能有所细分。在依靠风力航行的年代，商船、战船将依据风向、汛期选择不同的航线。为了便于濒海区域治安管理，清朝推行澳甲制度，环厦门岛海域划分为神前、长塔、涵前、高崎、鼓浪屿五个澳甲，对船只编甲稽查，澳内每十户编为一甲，定甲长一名，数船互保、连坐，约束船户渔民。

厦门依山傍海，峰林叠翠，奇石嶙峋，风光旖旎独特。明末以来，不少名人把厦门比作海上仙山，本土知名诗人池显方更有名句"一城如花半倚石，万点青山拥海来"盛赞此间殊胜。厦门属湾内岛屿，水深浪小，给港埠、城市发展带来机遇。"鹭岛"地名，与这座岛屿山环水绕是分不开的。

小贴士

海在城中　城在海中

"海在城中，城在海中"，是从地图平面来观察的，这是厦门一个独特的地理特点。海在城中，指的是筼筜湖、钟宅湾、厦门西港在城市的怀抱中；城在海中，指的是厦门岛四周及沿海局部城区均被海水环抱簇拥着。在大陆众多沿海城市里，像厦门岛此般亲海亲水的并不多见，多数城市只是局部可以观赏海景，而厦门则是一座完全的岛屿、四面环海，与大陆近在咫尺，交通、供水、景观、物产禀赋均有独特之处，把厦门岛比作大海的宠儿或是台湾海峡西岸的趸船，应不违和。鼓浪屿被誉为"海上花园"，本质也是海与城的妥帖结合。

溯源同安嘉禾里

在1980年以前,厦门本地史志均持厦门岛有据可考的历史始于宋代的说法,如《厦门志》卷二开篇即称"厦门自宋以上无可考"。相传"南陈北薛"两大姓氏先民开发了这座岛屿,但究竟始于什么朝代,一度也说不清道不明。

1973年,泉州一方名为《唐许氏故陈夫人墓志》的墓碑横空出世。当时,泉州市东门外石井村村民在修水渠时,无意中挖掘到一座古墓,其中有一方砖块,被一位村民携带回家,当作缸瓮的盖板使用。一名通晓文物常识的派出所公安人员获悉后,就把该青砖取回琢磨研究,并在20世纪80年代初捐赠给泉州市文物管理委员会。该青砖长54厘米,宽41.5厘米,厚4.5厘米,顶部有云气火球

唐许氏故陈夫人墓志
(陈章志 拍摄)

纹饰，额首阴刻篆体"唐许氏故陈夫人墓志"，正文阴刻竖书20行，楷体，正文507字。

许氏，名元简，唐大中年间泉州"给事郎、前行参军"，一名中下层军官，夫人姓陈，出自望族豪室，17岁嫁入许家，生育两个儿子，一名骥儿，一名小骥，陈夫人23岁不幸去世。作为丈夫，许元简哀伤不已，亲自撰写墓志铭。《唐许氏故陈夫人墓志》铭文主要内容有：（1）陈夫人的家世。（2）陈夫人生平等信息。（3）陈夫人曾祖父率族人开拓嘉禾屿初始状态、发展状况。

《唐许氏故陈夫人墓志》没有记载陈夫人的名字，或是其时惯例，更大可能是因为重男轻女的传统。陈夫人生于公元835年，17岁结婚、生子，至857年去世时仅23岁，可供大书特书的事项委实不多，许元简转而记述陈夫人家世。陈夫人祖上来自河南颍川，高祖曾任福州长乐县令，继而定居于福唐（今福清），曾祖父陈僖"爱仁好义，博施虚襟"，"门有敢死之士，遂为闽之豪族"。"时闽侯有问鼎之意，欲引为谋"。"（陈僖）乃刳舟剡楫，罄家浮海，宵遁于清源之南界，海之中洲，曰新城，即今之嘉禾里是也"。大意是陈夫人的曾祖父陈僖不愿意被福建权势人物所胁迫，于是率族人连夜渡海至清源郡南界，海中的一座岛屿，之前曾经取名"新城"，即当时的"嘉禾里"。

当时的嘉禾里又是怎样的状态呢？许元简如是描述："屹

然云岫，四向沧波，非利涉之舟，人所罕到。于是度地形势，察物优宜，曰可以永世避时，贻厥孙谋，发川为田，垦原为园，郡给券焉，家丰业厚，又为清源之最"。由此可见，当时这座岛屿四周都是波涛，人所罕至，陈家度地形势、开荒造田，官方"给券"予以认可，于是迅速积累了丰厚的家产，发展为清源郡的豪门。

在铭文中，许元简对陈夫人的祖父陈仲禹、伯父陈元通、父亲陈元达均作介绍，简言之，三人均是他乡县官。对陈夫人作了评价："宛顺柔和，实资天性"，17岁嫁许元简后，夫妻感情和谐，家庭和睦。不料在生完第二个儿子6天后，因产后疴疾不幸辞世，其时为唐大中十一年（857年）八月十四日，春秋廿三，去世地点为晋江县南俊坊许元简私第。当年十月十三日，葬于晋江县鸾歌里石井村张境东原，对应着如今泉州市城东顶石井、下石井一带地块。

唐许氏故陈夫人墓志1995年经国家文物局专家认定为一级文物。该墓志铭文，让后人对陈夫人有个认知的轮廓。其时晋江县已是清源郡的附廓县，清源郡实行里坊制，唐代大中年间有南俊坊，当代称为"南俊路""南俊巷"，"南俊"作为街坊的名字流传近1200年；"陈夫人"下葬之地"石井"地名也绵延千年，后衍化为现在的顶石井村（闽南语"顶"相当于"上"）、下石井村，殊为不易。

这方墓志铭原件，作为泉州海外交通史博物馆展品常年陈列展览，该馆在"刳舟剡楫，罄家浮海"处，特别用粉笔涂白，意即提醒参访人士，泉州唐代造船航海技术已经相当发达，这为泉州的海外交通打下坚实的基础。

对于厦门来说，这方出土在泉州的墓志铭，一度解决了厦门历史溯源问题。"清源之南界，海之中洲，曰新城，即今之嘉禾里是也"，说明清源郡嘉禾里，以前曾经名为新城。"嘉禾"一名沿袭千年，并衍化出当代的嘉禾路、厦禾路、禾山郊区、禾山街道、禾祥东路、禾祥西路。该墓志铭将厦门有文字可考的历史向前追溯至中唐时期，因此厦门市博物馆历史陈列室将该墓志铭复制并展示，并在"宵遁于清源之南界……嘉禾里是也"处用红线划了重点。如此一来，《唐许氏故陈夫人墓志》与之后在厦门出土的陈元通夫妇墓志交叉认证，陈僖及后裔于唐朝中晚期开发嘉禾屿、嘉禾里，是不争的史实。至于薛姓开发嘉禾屿，除了岛上有薛岭山，1997年厦门禾山下忠村"薛公"墓还出土了一套十二生肖俑及男女侍俑、开元通宝等，及刻有"薛瑜"的唐代银盏，可以佐证薛氏是唐朝进入厦门岛的另一支族群。由此可见，唐代"南陈北薛"两大族群开发嘉禾屿，并非传说或无稽之谈。

地下文物时常给人们惊喜。为配合厦门市仙岳路改造工程，2004年12月底至2005年4月中旬，厦门市文化遗产保护中心对市级文物保护单位"陈喜墓"进行抢救性考古发掘。现场发现两座古墓，墓碑分别刻有"大唐赐进士出身陈公封茔""唐上柱国陈公茔"。经发掘，这两座坟墓，券顶砖室、结构复杂，出土文物等级高，在福建省目前发现的唐代墓葬中具有代表性。难能可贵的是两座唐墓均有相关墓志铭出土，墓志显示前者为唐陈元通墓，后者为陈元通夫人汪氏墓，墓主身份、年代十分明确。

陈元通，即前面许元简所陈述的"故陈夫人"的伯伯，生于唐建中二年（781年），卒于唐大中九年（855年），曾任江西余干、南昌县尉，后转为歙州司兵参军，继而迁任婺源县令；陈元通妻汪氏，新安人，生于唐元和九年（814年），卒于唐咸通二年（861年）。陈元通墓志，即《故奉义郎歙州婺源县令陈公墓志铭并序》，开篇有如下表述，"有唐大中九年，岁在乙亥四月廿四日，颍川陈公终于泉州清源郡嘉禾里之私第，年七十有五"，由此可以推断，陈元通生于唐建中二年（781年）。

陈元通夫人汪氏墓志，即《唐故歙州婺源县令陈府君夫人墓志铭并序》写道，"夫人颍川汪氏。享年四十八。郓王登位后二年岁次辛巳六月二十一日寝疾，终于清源郡同安嘉禾里之第"。郓王，即唐王李温，唐大中十三年（859年）六月，唐宣宗李忱亡，郓王李温为皇太子，旋即位，是为唐懿宗，第二年（860年）改年号为咸通。因此郓王登位后两年，当为唐咸通二年，这也与墓志铭"辛巳年"相吻合，由此可以推断陈元通夫人汪氏生于唐元和九年（814年），故于唐咸通二年（861年）。

从陈元通"公讳元通,清源同安人也",其夫人汪氏"终于清源郡同安嘉禾里之第",可见两方墓志铭均隐含一个重要的信息——至迟在唐大中九年(855年)同安县已置县。

《晋书·地理志》记载:"晋安郡,太康三年(282年)置,统县八,户四千三百:原丰、新罗、宛平、同安、侯官、罗江、晋安、温麻。"从现有史料来看,"宛平"一直未可考,而"同安"则被厦门部分文史学者视作"同安县"的前身。关于同安置县,曾经有部分地方文史研究人士认为"晋太康三年(282年)置同安县,属晋安郡八县之一,旋废"。从有限的史料中可以看出——同安,在隋开皇九年(589年)仍属南安县管辖的区域,唐贞元十九年(803年)析南安县西南四乡设置大同场。至于大同场升为同安县的时间,目前存有四种说法。

一是后唐天成四年(929年)置县,见《嘉庆重修一统志》"泉州府古迹"部分。二是后唐长兴三年(932年)置县,见《读史方舆纪要》卷九十九。三是长兴四年(933年),升大同场为同安县。《大同志》记载:"唐明宗时,审知卒,次子延钧僭称帝,国号闽,升大同场为同安县,同安之建始此",王延钧称帝,改年号龙启,即公元933年;《新编同安县志》、同安区政府官方网站表述,也持后唐长兴四年(933年)置县一说。四是公元939年。《太平寰宇记》:"唐贞元十九年,析南安县南界四乡置大同场。福州伪命,己亥岁升为同安县",此己亥岁当为后晋天福四年、闽永隆元年,即公元939年。初设时,同安县辖有今厦门市、金门县、长泰县、龙海市局部。总之，在史志里，同安县设置年限存在多种版本，相对集中在闽王割据时期，即在公元929年至939年之间。

把晋太康年间闽地同安县与晚唐的清源郡、泉州所辖同安县等同，是值得商榷的，至今没有史料可追溯、还原晋太康年间的福建"同安县""宛平县"大致范围，无法确认此"同安县"即后来的清源郡或泉州属下的同安县，加之安史之乱后，唐玄宗恨屋及乌，改"同安郡"为"盛唐郡"，"同安县"为"桐城县"。试想，南安、龙溪、晋江等后来相对发达地区尚未置县，同安抢先露峥嵘，不合逻辑，况且一个地名不可能在中断七百年后仍一直被视若珍宝。在明代郭子章《郡县释名》一书里，对于今天同安县也有如下表述：晋太康三年析建安郡置晋安郡，即今福州泉地，属晋安。是年析晋安地置同安县，寻省，同安复入晋安，同安之名始此，然非今之同安也。

查阅《元和郡县图志》（成书于元和八年，即公元813年），元和年间，泉州只是管辖南安、晋江、莆田、仙游四县，尚没有析置"同安县"。从上述唐代墓志信息可以推断：同安设县年份，当在唐元和中期之后，唐大中九年（855年）之前，与南安县等均隶属于清源郡、泉州。

小贴士

淮南"同安"

隋大业三年（607年）改熙州置同安郡，治所在怀宁县（今安徽省潜山市），辖境相当于今安徽安庆、潜山、岳西、怀宁、宿松、太湖、望江、桐城、枞阳等市县地。唐武德四年（621年）改为舒州，天宝元年（742年）复为同安郡。唐至德二年（757年）因安禄山叛唐，忌郡县"安"字，改同安郡为盛唐郡。北宋初年，称为舒州同安郡，北宋政和五年（1115年）改为舒州德庆军（注：军，宋朝时一种地方行政单位）。南宋绍兴十三年（1143年），取"同安""德庆"末字合称"安庆"，称为安庆军。

隋开皇十八年（598年），改枞阳县为同安县。唐初，仍名同安县，属同安郡。贞观元年（627年），属淮南道舒州。天宝元年（742年），属淮南道同安郡。至德二年（757年），改同安郡为盛唐郡，改同安县为桐城县。在唐朝，尤其安史之乱前，"同安"，实指今天安徽安庆地区。

宋元嘉禾本寂寞

《新唐书·百官志》记载，祥瑞可分大瑞、上瑞、中瑞、下瑞。大瑞为景星、庆云；上瑞有白狼、赤兔等；中瑞有苍鸟、赤雁等；下瑞有嘉禾、芝草等。农耕时代，农业兴则国家稳。稻禾一茎多穗常被视为"嘉禾"，是中国农耕时代的"丰收梦"。历史上，若遇上好大喜功的皇帝，尤其在泰山封禅前后，总是时不时冒出若干祥瑞灵异事件。

我国历史上，除厦门外，被称为"嘉禾"的地方甚多。河北南和，畿南粮仓，曾经雅号嘉禾城；江西南丰，初名丰县，别号嘉禾。福建南平建阳县，南宋景定元年（1260年）因产嘉禾，诏改嘉禾县，至至元二十六年（1289年），复名建阳县。湖南郴州嘉禾县，古称禾仓堡，崇祯十二年（1639年），始置嘉禾县。浙江嘉兴，因野稻自生，一岁或稔则数郡忘饥，别名嘉禾、禾城，浙江嘉兴现存最早的地方志名为《至元嘉禾志》。泉州西郊九日山就有两处祈风石刻提及地名"嘉禾"，经考证，此"嘉禾"指向今浙江嘉兴。罗列这些，要说明两点，这些地方之所以结缘"嘉禾"，一是大多是产粮区，二是往往要得到官方的更名或认定。

有一个有趣的现象：诗词文化方面，厦门本地诗人常拿厦门与杭州类比,而在口岸贸易甚至神话传说方面,厦门却与广州走得更近。其实"广州"一名的出现,始于吴国黄武五年即公元226年,吴国将交州一拆为二,始有广州。宋太平兴国年间《太平寰宇记》记载:周时南海有五位仙人,着五色衣,骑五色羊,各以谷穗一茎六出留与州人,言毕腾空而去,羊化为石,故广州别称羊城、穗城、仙城,这个传说比起厦门嘉禾更为复杂宏大些。广州越秀公园城雕就是老公羊嘴里叼着一束稻穗,广州当代仍有嘉禾街道,这是穗城的延续。厦门"嘉禾屿",一茎多穗,似乎是复制广州"穗"城,在一座城市发展历程里,或有创世纪的传说,模仿或相仿也是正常的。

嘉禾,在农耕时代,是祥瑞,是对丰收的期冀。南宋景定元年,福建建阳县唐石里水稻丰产,"一本十五穗",宋理宗予以嘉奖,诏改建阳县为"嘉禾县",近三十年之久。明代建阳县西部有"嘉禾里",永泰、长乐两县也有以"嘉禾"为地名的。厦门岛上,元朝设有"嘉禾千户所",明万历年间何乔远撰有《嘉禾惠民碑》,清朝厦门知名诗人黄日纪编有《嘉禾名胜记》。至于以"嘉禾"命名乡里,则比比皆是。

北宋太平兴国,共有八个年头,即公元976年至984年,宋太宗赵匡义接过兄长宋太祖赵匡胤的皇位,改年号为"太平兴国",太平兴国三年即公元978年,吴越归地,割据漳州、泉州的清源郡节度使陈洪进主动纳土,这对于泉州是一件极为重要的大事。太平兴国四年(979年)北宋翦灭北汉,太平兴国九年(984年),随着朝臣上书宋太宗泰山封禅,全国一时涌现几百起祥瑞。同安县属下的嘉禾里,此时是海岛边陲,人口稀少,太平兴国短短几年,一个里再丰收,也就几千户人家,谁会关注这个边陲小岛的丰收?不大可能的。从《唐许氏故陈夫人墓志》证实:厦门岛曾经名为"嘉禾里",在唐朝大中年间已出现。本地志书多次提及因北宋太平兴国年间产嘉禾而得名"嘉禾",可以断定为后人编造加工的,与北宋太平兴国时期的祥瑞没有关系。

编撰于宋太平兴国年间的《太平寰宇记》没有提及嘉禾屿。南宋理宗宝庆三年(1227年),王象之地理名著《舆地纪胜》成书,该书中有词条"嘉禾屿——在同安县海中,延袤百余里,居民千余家",这是"嘉禾屿"首次出现在古籍里,"百余里""千余家",极尽笼统简约,近乎白描。

宋代厦门岛是安宁的,除了"朱熹簿同"几乎没有什么要事可记载。朱熹年少得志,绍兴十八年(1148年)十八岁入都参加科举,中王佐榜第五甲第九十名,赐同进士出身;绍兴二十一年(1151年),朱熹再次入都铨试中等,授左迪功郎、泉州同安县主簿。绍兴二十三年(1153年)七月,朱熹至同安,以"敦礼义、厚风俗、劾吏奸、恤民隐"管理县事,排解同安械斗,整顿县学,倡建"教思堂""经史阁",颇有政绩。绍兴二十七年(1157年),朱熹任满罢归,至此朱熹在同安县主簿任上前后有五年之久。因包括嘉禾里在内的同安县,系朱子过化之地，此地于是有"海滨邹鲁"的说法，便是文明之地。

元至正十五年（1355年），朝廷升泉州为泉州路，同安仍为泉州路所领七县之一。元朝，嘉禾屿已设有千户所，这是嘉禾屿有记载的首个军事机构，兵额不详，按照元朝兵制，千户所也就几百人。

明代，同安县属泉州府，总领于福建布政司。"天际/洪武十四年五月望日嘉禾巡检济宁赵俊、邑文学晋安赵宗道同登"，这是在厦门岛云顶岩的摩崖石刻，为厦门岛上纪年最早的石刻。洪武十四年，即公元1381年，这方石刻说明在永宁卫中左所肇建之前，嘉禾屿设有巡检司，巡检为九品官员，系最小的官阶。

巡检为官名，始于五代，盛于宋代，主要设于沿边或关隘要地，以武官任之，受州、县指挥，为地方基层武装力量，后代沿置。元代巡检为九品官。明、清巡检司多设于距州、县城稍远的地方，负责稽查人员、打击走私、缉捕盗贼，弥补官府管理之不及，常被简称为"巡司"。史上，厦门岛上有嘉禾巡检司、石浔巡检司、石湖巡检司、塔头巡检司等。今厦港街道办事处地域就有地名"巡司顶"，意即在"石浔巡检司"的上方。厦门虎溪岩就有摩崖石刻"为善最乐"，题刻者为乾隆年间顺天府刘天佑，其时刘任石浔巡检司供事，品秩九品。

通常，一个地方的重要程度与军队规格成正比。宋元时期乃至明朝开国初期，嘉禾屿委实是一个小地方。在没有形成大的集市之前，这座海岛应处于自给自足、亦农亦渔的濒海乡村状态，这与宋代泉州府的繁华有很大差距。

小贴士

乡里坊市

　　县有乡，乡有里。秦朝，县令管理下属各乡，乡下有亭，亭下有里。里有里正，为一里之长，春秋始置，战国、秦汉沿用，东汉又称里魁。隋朝畿外五保置一里正。唐代百户为里，置一人，掌管户口，课植农桑，催办赋役，检察非法。北宋元丰改制实行保甲法，保正亦称里正。元朝分置乡、都，乡设里正，都设主首，催办钱粮，负责治安。至明，改为里长。闽台农村至今仍有"乡里"提法，闽南称广大农村为"乡里"，就是旧的行政管理层级在当今的遗留，台湾基层管理仍存有乡里，管理者分别称乡长、里长。在相当长一段时期里，嘉禾屿，为同安县绥德乡辖下的嘉禾里。"嘉禾里"，自唐代至清代，一直持续存在。如此，说明这个地域相对稳定。

　　与之相对应的，城市曾推行坊市制。居住区设坊，四周设墙，每坊有门，晚上关闭坊门。商业区设"市"，市内不允许住人，也四面设墙，定点关门。坊市制后期，坊市不再设墙，由封闭式向开放式转变，夜市渐次繁盛，街巷制随之兴起。福州"三坊七巷"、晋江县城"南俊坊"，就是坊市制的遗存。在近现代，由于旧城改造，不少坊市转化为街道或路巷，或以地名留存。

神话传说真不少

今天中国以动物为别名的城市,有广州、温州、惠州、泉州、深圳、汕头等。在古代,但凡稍具规模的人口聚居要地,必有城池,再发展为繁华的城市都市。在一座城市发展历程里,或有创世纪的故事传说,若与动物结缘,必定有趣。

广州别称羊城、穗城,源自"五位神仙骑五只羊,将一茎六出的嘉禾交付州人,之后驾云腾空而去,羊化为石"。鹿,音同"禄",在中国官方、民间均是讨喜的动物。相传,浙江温州建永嘉郡城时,有一只白鹿口衔杏花跃城而过,时人以为祥瑞之兆,故此地又名白鹿城,或称"鹿城",今天温州市仍有鹿城区。海南三亚也称鹿城,想必来源于"鹿回头"景点。广东惠州又称"鹅城",来源于城外飞鹅岭。包头,蒙古语则为"有鹿的地方"。泉州别称"鲤城",深圳别称"鹏城"。

厦门有些特殊,以"鹭岛"为名,也经常以"鹭江"代称这方水土。"鹭岛""鹭江"的来由,目前有多种说法。

第一种说法:鹭岛来源于古时岛上多白鹭。鹭,早已有之。先人对白鹭有过记载,《诗经》就有"振鹭于飞,于彼西雍"的记载。杜甫名诗《绝句》:"两个黄鹂鸣翠柳,一行白鹭上青天。窗含西岭千秋雪,门泊东吴万里船。"白鹭已入诗圣诗作,人们耳熟能详。可以肯定，远古时代，嘉禾屿、厦门岛这样的滨海湿地是适宜白鹭等涉水禽鸟栖息的，它们比起人类更早在这座岛屿繁衍驻留。但从现有的地方文献来看，厦门较早把鹭岛与白鹭勾连在一起的人物中，江煦是其中之一。江煦，海澄县三都贞庵村（今厦门海沧区贞庵社区）人，曾谋职于厦门海关。1926年江煦编就《鹭江名胜诗钞》，他在《鹭江》一篇加按语："据厦门父老传言，厦门未开辟时，有白鹭甚多，栖止江上，故有鹭江之名。"

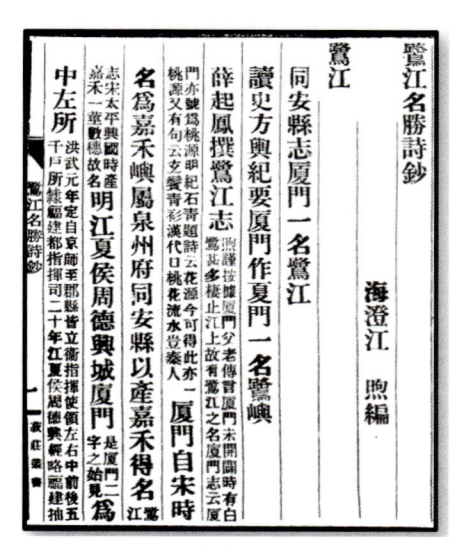

《鹭江名胜诗钞》书影

鹭岛由白鹭得名，不仅是个别学者的论断，还一度得到专业机构的认同。1994年《厦门志（整理本）》前言部分表述如下：

传说遥远的古代，常有成群白鹭栖息在厦门岛上，因而，厦门岛有鹭岛、鹭屿、鹭门的别称，厦门岛、鼓浪屿间的海峡，称为鹭江。

这个提法，似由江煦一说改编而来，只是从"鹭江"转换成"鹭岛"，传播甚广，大有后来居上的趋势。

第二种说法：来源于想象中的一种动物。有些地方文史专家认为，厦门岛周边小岛诸多，名字都与动物有关，如猴屿、象屿、龟屿、凤屿等等，但并非象形，如猴屿不像猴，象屿不像象，龟屿不像龟，只是周边老百姓用见过的或者想象中的动物命名罢了，时间长久，就固定下来。言下之意，"鹭岛"与岛的形状关系不大，仅仅是一个约定俗成的地名罢了。

第三种说法：来自"白鹭嘉禾"的传说。嘉禾，是农耕文明的希望与寄托。厦门岛在唐宋元明均名为"嘉禾里"，"嘉禾"一名曾经源远流长，之后又有鹭岛别称。于是当代文人编造出"白鹭衔谷"的传说——在这座岛屿鸿蒙初辟时，有白鹭衔来嘉禾的种子，播撒在这片土地上，自此五谷丰登，云云。且看厦门大桥桥头海堤纪念馆前，有一巨型雕塑，金光闪闪的钥匙圈里，浪花朵朵，白鹭身姿挺拔，双翅平展，长长的尖嘴衔着一穗稻禾。该雕塑所演绎的背景即为"嘉禾+鹭岛"，即创作者把厦门岛曾有的"嘉禾"与"鹭岛"两个地名凑合而成，路过的人应可以直观体会到。

第四种说法：来自"白鹭斗蛇"的传说。传说白鹭曾是这座岛屿的主人，有蛇妖窥伺岛屿，双方于是展开一场恶战，白鹭最终获胜，恶斗中白鹭鲜血流淌，化成市树凤凰花、市花三

白鹭与三角梅(黄少毅　拍摄)

角梅。这是编造的神话,在1986年前后,厦门确定市花、市树、市鸟,便有人把三者编在一起。但凡有点植物常识的人,应当知晓厦门市树凤凰木原产于非洲马达加斯加,三角梅原产于南美洲,都是近代引种传播的结果,引入厦门培植栽种的年份不会超过20世纪初。

第五种说法:来自"白鹭女神"的传说。不少城市都有自己的创世纪传说,或有女神造城一类的说法。厦门经济特区建设初期,演绎出"白鹭女神"的传说,并在白鹭洲公园用白色花岗岩建成巨型石雕——在筼筜湖水滨一处人工砌就的高耸岩石上,一少女梳洗着飘飘长发,一只小白鹭停驻左肩,神态自若。这座雕塑在水一方,位置绝好,很快直如厦门城雕,远近闻名。

前面五种说法,均从不同角度提到厦门岛之所以叫鹭岛,来源于鹭鸟,准确来说是白鹭。这种说法大约自一百年前渐次流传,1986年厦门市确定市树、市花、市鸟前后,颇为盛传。鹭岛来由,还存在第六种说法,系因形得名说,即鹭岛是由岛屿的形状得名的。

小贴士

造城神话

每一座城市都有着自己独特的发展历程,追根溯源,往往伴随着神话、传说,这不完全是迷信或臆造,而是文化的层累。就罗马城的起源而言,就有母狼哺育喂养了一对孪生兄弟的传说。"罗马不是一天建成的",指的不只是城市建设,也包括神话传说、文化文明的积累。造城、创世纪的传说有助于丰富城市文化内涵,一座城市诞生历程附着历史传说,必定有历史跨度、文化张力。历史上有不少祥瑞与封禅相关,也与神话传说相附会。广州之羊城、穗城的诞生与神话传说紧密相关,厦门的"嘉禾",相当于广州穗城的微缩版,只是叙事场景相对简明。明初,江夏侯周德兴奉命经略福建,筹建一系列卫所,民间也留下不少关于地理风水的传闻轶事。

厦与门·中左所

六百多年前,"厦门",本是嘉禾屿西南一处滨海村落,成了明初闽南卫所的重要所在地之一。这座岛屿破天荒有了一座城,因海防而立,因商埠而兴,一步步登上历史舞台……

周边别称有意思

　　一处地名，不是孤立突兀的，往往与周边区域相关联，且先放眼厦门周边。

东山"铜山风动石"

说到漳州东山，其历史上与厦门有诸多关联。东山岛与厦门相距100多公里，是一座风光独特的海岛，土地面积243.4平方公里。明清两代，东山，原名铜山，明初筑有铜山千户所。东山最为知名的景点是"风动石"，1975年所镌刻的"铜山风动石"五个大字，是合乎东山历史的。东山岛，近代又享有别名：蝴蝶之岛。展开东山县地图，从平面轮廓即可直观看出东山岛形似一只展翅舞动的蝴蝶。

宋代，泉州城因形似葫芦，也曾被称为葫芦城。泉州也被称为"鲤鱼城""鲤城"，至今其中心城区仍为鲤城区。泉州文史专家陈泗东先生专著《幸园笔耕录》提及泉州城"以形似，名鲤城"，"经数次拓城，到明初才形成鲤城的局面，鲤鱼城是明初才出现的名称"。

明朝洪武初年，在城东仁风门和通淮门之间辟小东门，直对城外有名的东湖。鲤城，缘于城周酷似鲤鱼，城西临漳门、义成门之间城墙内凹，为鲤鱼尾，这是没有争议的。何乔远在《闽书》中说："小东门，其门直东湖之嘴，早日初升，湖光潋滟，如鱼饮湖水者然。"如此一来，鲤鱼嘴当在原泉州城小东门，其位置邻近今天泉州东湖公园，该公园至今仍保有水域，当与"鲤城"一说有关联。另有一说，元至正十二年（1352年），监都偰玉立"扩罗就翼"，把罗城南城墙拆去，将城区扩大到翼城，成为一个周围三十里的上宽下狭的长形城郭，鲤鱼城到了这时，才算形成，鱼嘴即镇南门，又名南关，朝南饮江。

不论元末或明初,其后泉州民间存有泉州城"鲤鱼吐珠"的说法,今天鲤城区依旧是泉州市繁华所在。

金门与银城。金门,原名浯洲、浯江、浯洲屿,相传洪武年间江夏侯周德兴奉命经略福建,以"固若金汤""雄镇海门"之意,更名为"金门"。同安县县城——银城,《读史方舆纪要》卷九十九《福建五·泉州府·漳州府》:银城"即今县……其制东西广,而南北隘,如银锭然,故曰银城"。从乾隆《泉州府志》的同安县图可见银城因形得名,相当直观。

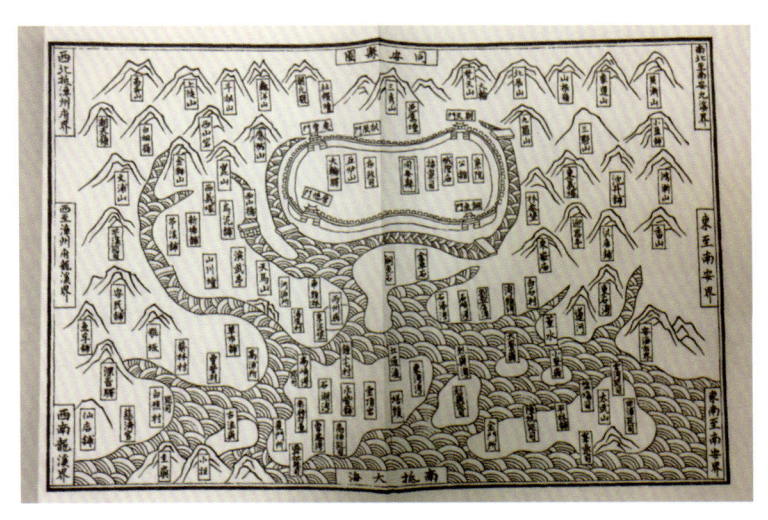

乾隆《泉州府志·同安县图》

明朝开国,洪武二十年(1387年)设立"金门守御千户所","金门"知名度迅速提高,进而取代"浯洲"这座岛屿的旧名称。同安县城,别名"银城"。现在的东山,明代则通称"铜山",洪武年间设立"铜山守御千户所",隶属镇海卫。周边金、银、铜都有了，对于嘉禾屿、嘉禾里来说，这无疑是倒逼，嘉禾屿总不能叫铁门、铁城一类的吧？理论上，嘉禾屿也需要一个别称。

泉州永宁古卫城景区导览图

先有泉州永宁卫，后有中左所、厦门城，中左所系永宁卫直辖的守御千户所之一。永宁古卫城景区导览图，立于永宁卫的小东门（也称"东瀛门"）广场，指引八方游客。粗略一看，该图的右下角有一只鳌龟，似乎有怪异状。但只要一比对，当即明白此城的轮廓形状酷似鳌。经了解，永宁古城建在地势陡峻的山坡上，素有"鳌鱼卧滩"的传说，鳌的尾部朝向东南沙滩，头朝西门。鳌，在闽南民间，与龟一样，均隐含长寿长久之意，古城别称"鳌城"自然祥和。

小贴士

地名与时尚

地名不会孤立自成一派，往往与相邻地域、同一时代偏好同频共振。周边区域若有别称、雅称，大致你有我有全都有，前些年国内地市流行更名上"市"就是例证。明朝，是闽南沿海诸多地名产生变化的重要时期。一座城池、一座岛，如同一个人一样，在成长的初期，容易被取别名别称。珠江、九龙江、闽江入海口均有诸多以"×门"命名的地名，金门、银城、铜山各有各的背景，体现出对金属的偏爱。嘉禾屿西边有地名"龙溪"，东北有"晋江"，"嘉禾屿"应有压力，也要有个"×江""×岛"一类的别称、雅称。尤其像金门、厦门两座岛屿地理、人文曾经差别不大，在明初几乎同时设立千户所，这无疑在机构、地名等方面会相互影响。就厦门、金门两座姊妹岛而言，"金门—厦门""浯江—鹭江""浯洲—鹭洲""浯洲山—嘉禾山"之名近乎成双成对，彼此呼应。

因形得名何其多

在厦门岛,有不少地方是因形得名的。相对于一水之隔的大陆,沿海岛屿开发时间普遍略晚,当地原住民凭着直觉因形取名,这是地名的初始来源之一。

厦门虎头山

厦门市妇幼保健院东边的虎头山,则因立面形似虎头而得名。尽管周边冒出一些建筑,但这岩石至今仍保留原貌,若从东南方向细看,仍可依稀分辨出虎头虎脑的样貌。《民国〈厦门市志〉余稿》"虎头山记"记述如下:城之南濒海有虎头山,周围数百武巉然有百丈之高,山之巅有两大石,分列左右如插耳,望之酷肖虎形。地名因形得名,颇为常见,对于晚开化的地方更是如此。厦门因形得名的地方甚多，随处可见，除了虎头山，还有蜂巢山、太平石笑、五老峰、虎仔山、牛家村、鸡屿等处。

经地质专家考证，侏罗纪时期厦门有火山活动，喷发并不强烈，狐尾山—仙岳山一带山体多为陆相酸性、中酸性火山岩，坡度比较和缓，顶部多呈浑圆状。今天，厦门市湖滨北路外贸大厦及工行大楼背后山体，在清代从"牛脚川"雅化成"牛家村"。牛脚川，只要懂闽南话，就知道其意即"牛屁股"。"牛家村"，只是"牛脚川"地名的雅化，仍是山头的名字，山的南麓原有村庄，名曰官浔。有一张美国《国家地理》杂志记者罗伯特·摩尔拍摄于1932年的老照片，拍摄地在鼓浪屿，占据照片主体的是狐尾山—仙岳山。倘若认真分辨，可以看见狐尾山西侧临海有两个山丘。只要看到两个圆润的山头夹着黝黑的山谷，大致就能明白所谓的"牛脚川"系因形得名。

太平石笑，原为厦门"小八景"之一。在厦门万石山太平岩寺下方，由数块花岗岩组成，系一巨石滚落，砸向另一巨石，产生崩裂，状若开口大笑，巨石下方空间可容数人穿行通过，有好事者名为"奕仁"，于清初题刻"石笑"两个摩崖大字，引得多少路人心领神会。

厦门万石岩"太平石笑"景观

  在今天禾祥西路后江埭附近，曾经有一处"L"形地块，拥抱着一片近乎封闭的水域，以前厦门本地人俗称其为"水鸡腿"，其得名在于形似。在闽南语里，"水鸡"即青蛙，"腿"有"腿+脚"之意，这片区域，几乎成了厦门工业的发祥地。

  厦门知名景点南普陀寺，坐北朝南，依山傍海，所倚靠的山体称为"五老峰"，意即五座山峰状若老者端坐。经查阅，国内称"五老峰"的山名不独此处，有江西庐山五老峰、山西永济五老峰等，无外乎均来自多个山峰毗连罗列。

  厦门岛内还有一座虎山。《厦门志·山川》一节，就有如下提法："虎山——在二十一都，城东三十里。山形俨然一虎蹲踞，因名。其势北拱同安。万历初，建塔于上，为水口捍门。"

环绕厦门岛周边有不少岛屿是以形取名、因形得名，甚至以动物或物体的名字命名的，比如鸡屿、凤屿、兔屿、镜台屿等，还有大担、小担一类的。鸡屿上有岩石状若公鸡，大担、小担则因两岛屿海拔较低，远观恰似扁担横卧海上。

小贴士

因形得名

地名的来源甚多，因形得名是常见方式之一。大自然鬼斧神工，山水河湖千姿百态，人们往往以纯朴直观的方式称呼，时间久了就约定俗成，因袭成例。天门山、平顶山、赤峰、五指山、五台山、井陉、月牙泉、基隆等地名就与山水形势相关。因形得名，可以是整体，比如基隆，得名于城市附近有山，形酷似"鸡笼"，再雅化成基隆，又比如厦门的虎头山。也可以是立面，比如厦门金榜山得名于"山黄色，如列榜"，又如厦门狐尾山、牛脚川。也可以是平面的，比如日月潭，潭中有一名为"拉鲁岛"的小岛，以此为界，北半湖形若日轮，南半湖水面状若新月，故名"日月潭"。登高望远，江河湖海各具形态，可充地名，广泛流传。

在厦门，因形得名的实例比比皆是。思明区"关刀河""五老峰"，鼓浪屿的"燕尾山"，海沧区"镜台屿""青礁村"，究其由来，无不与地形高度相关。

有个村庄叫厦门

"门",古时单扇为户,双扇为门。珠江有"三江汇集,八口入海"一说,珠江出海口有虎门、崖门、磨刀门、虎跳门等,还有江门、澳门等地名,九龙江口有金门、厦门、海门,闽江口有五虎门,长江口有海门,诸多以"门"命名的岛屿或地块,说明有其规律性。门,与汉字象形高度相关,须从繁体字的"門"来阐释。江河的两岸为"門"的两竖,河口的三角洲、港汊、水道繁复,直如"門"框上面部分,外海下游开阔处即为"門"的下方。厦门,地处九龙江出海口下游,明朝之前只是同安县绥德乡嘉禾里嘉禾屿西南角一个沿海村落,与鼓浪屿相对,岸线曲折,宜于船只停泊补给。明初在这"厦门"村庄的地界建筑所城,使其知名度快速提升,在明末清初,"厦门"逐步抬升成全岛的名称。至于厦门的"门"引申为门户之义,与外强窥伺、海防吃紧有关。

明万历《泉州府志》所载"厦门"是同安县西南的烽燧、烟墩。万历《泉州府志》卷十一记载:同安县寨十有四……西南曰夏门,二十二都;曰东渡……二十三都;曰井上,……二十四都,俱隶中左所。这里的"夏门",是同安县(嘉禾屿)西南一座村庄的名字,也是一个烽燧所在地,具军事价值。

明弘治年黄仲昭修纂的《八闽通志》记载:"中左千户所城,在同安县南嘉禾屿厦门海滨,洪武二十七年徙永宁卫中左千户所官军于此守御筑城。"《大明一统志》记载:"厦门城在二十一都嘉禾屿,明为中左所城。"不过此处的"厦门",只是一村落的名字,为中左所城所在地。

清乾隆《泉州府志》记载同安县"都里"时,嘉禾里有四个都,其中有二十三都,其地为莲坂、吴仓、厦门、中左所、乌石浦、塿头、吕厝等乡,在县西六十里,隔海。吴仓,今雅化为梧村,厦门火车站所在地。明代的厦门,约略是一个村庄,在今天虎头山附近,只是一个村落的地名,一度还用于指称一座烟墩、烽燧。

中国科学院图书馆藏《福建海防图》局部

中国科学院图书馆收藏的《福建海防图》，收入《舆图指要》一书，作者认定该图绘制于为万历二十五年至三十二年（1597—1604年）。图中今天厦门岛朝着九龙江出海口的方向标注"下门港"，其右下角的"虎屿"，即当代的"浯屿"岛。嘉禾屿西南这个海边村庄，因为地理位置独特，港汊较多，适合船只停泊补给，相对于九龙江出海口而言，处于下方、下游，故俗称"下门"。在下游或低洼处的地方，闽南话经常用"下"来命名，今天漳州市区仍有个地名叫"下洲"。在闽南，"下"字常被雅化为"霞"，如厦门湖里区有"霞边社"、翔安区有"霞浯村"，"尾"则多半被雅化为"美"，南安、漳浦各有一处"霞美镇"。以上为尊，以下为卑，理论上"下门"需要寻找替代的字。只是"下门"地名演化略微蹊跷，"下"没有在音韵上转化，而只在文字上雅化。

万历《泉州府志》附图《同安县图》局部

顾祖禹在《读史方舆纪要》卷九十九中写到"嘉禾屿"——"旧尝产嘉禾，因名，一名鹭屿，一名夏门，广袤五十余里"。在万历《泉州府志》附图《同安县图》中标有"夏门所"，即中左守御千户所。如此标注，一是从"下门"雅化至"夏门"，"厦门"尚未完全确立，二是"夏门"地名的地位有所抬升，大致可以替换、代指中左所城。

《浙江福建沿海海防图》局部

《浙江福建沿海海防图》现收藏于台北故宫博物院，其设色精良，制作时间在施琅收回台湾之后，因图中已有"南普陀"。夏门港，在图中标注的是"夏"。

综上，厦门的"厦"应是由"下"演变而来的，今天"厦门"的"厦"字，不论在闽南话里还是在普通话里，仍与"下"的读音完全一致，而且与"大厦"的"厦"读音相差大；由"下门""夏门"变为"厦门",读音不变,但文字上有所变化,基本符合地名雅化规律。

经过六百来年的洗礼,厦门,从一村落,到一所城,到一岛屿,乃至今天一城市,归功于一代代厦门人的努力,今天的厦门,已全然没有贬损之义。

小贴士

地名雅化

一个区域在上升或变革时期,地名也随之变化转化。最初的地名,命名通常比较纯朴直观,不合时宜的地名会在合适的时机雅化改良。雅化,可体现在词、义、声等。比如"归化""绥化""夜郎"等地名,本义有歧视意味,后来得以更名。谐音的,比如闽南有诸多村庄名以"霞""美"开头,大多分别是从"下""尾"雅化而来的;街巷中,本来得名于"鸡"的,大多被雅化成"吉"。厦门岛上原有村庄"麻灶"雅化为"文灶"、"刘坂"雅化作"莲坂"、"张仑"雅化作"忠仑",在于闽南语"麻"音同"鳗"、"刘"同"流","张"音义类同"乖张",不尽吉利。"先洛",原本是指新的村落,"洛"音同"落",本地人认为不吉,化作"仙乐",再雅化为今天的"仙岳"。厦门狐尾山西侧的"牛脚川"就因闽南语"牛屁股"发音粗俗直观,道光年间已雅化为"牛家村",倘若从闽南话理解,两者相差不大,但在字面上却斯文了。

筑城防倭名中左

倭寇，原为日本西南各地的封建领主、武士和浪人的混合武装组织，依赖海上行劫的海盗集团。倭寇早在元至正年间就侵扰过福建，其时，倭寇就曾在金门登陆，在马坪一带大肆杀掠。元末明初，张士诚、方国珍残部流窜海岛，和倭寇时分时合，加剧了倭患。

明初，朝廷对付倭寇实行"弃海防岸"策略，"片板不得下海"。明朝参考唐代府兵制度，设立都司卫所制度，卫所建设堪称一次大规模的造城运动。《明太祖实录》记录在洪武二十七年（1394年）二月，"城同安县嘉禾山，置永宁卫中左千户所"。江夏侯周德兴，亳州人，明朝开国将领，奉命经略福建，谋划兴建北至福鼎、南至诏安的福建沿海系列卫所，其中在泉州府设置永宁卫，守卫泉州府惠安至同安沿海，永宁卫本部有左、右、中、前、后五个千户所，还统管崇武、福全、金门、高浦、中左五个守御千户所。中左所应是周德兴规划追加的，周德兴于洪武二十五年（1392年）八月，因其子周骥乱宫，并坐诛死，其时中左所尚未修筑完成，由永宁卫指挥使谢柱组织实施，于洪武二十七年筑造完成。周德兴设卫建城、大兴土木、征兵戍边，就福、兴、泉、漳四府民户征兵，三丁取一,大大增加沿海民众的负担,在民间名声不佳,但这不妨碍周德兴作为中左所缔造者的历史地位。

按照明朝五军制,一个卫本部有左右中前后五个所,在外围再设卫所的,有合适的名字可使用则沿用原有地名,如崇武、福全,若没有合适的名字,可用中左、中右、中中等命名。福州、定海均有中左所,明代称为××中左所的不下六处,只是厦门所在的永宁卫中左守御千户所,时常被简称为"中左所"或"中左",且知名度最高,以致部分明清舆图,就直接标注"中左"或"中左所"代替嘉禾屿。其中蹊跷之处,是中左所、金门所缔造者周德兴,为什么放弃原来的"嘉禾""浯洲"地名而重新命名为"中左""金门"?周德兴籍贯濠州钟离(今安徽凤阳),我一度请教过,在凤阳当地方言里,"嘉禾"近似"家伙","浯洲"近似"吾走",这两个地名是不是因此被弃用,或可存疑。

明洪武二十七年中左所城建成,这是厦门岛历史上的第一座城池,有四座城门,东曰启明,西曰怀音,南曰洽德,北曰潢枢。城北有望高石,为中左所城的制高点。据靳维柏、郑东考证,明代中左所城周不过1400米左右,占地面积近15万平方米。比起周边的高浦、金门所城,面积略小。永乐十五年(1417年)永宁卫都指挥使谷祥、正统八年(1443年)都指挥使刘亮、万历三十年(1602年)掌印千户黄銮均曾增筑增修。

清康熙二年（1663年），清军攻下厦门城，总督李率泰"令隳岛城"。在郑成功所部驻扎嘉禾屿之后，中左所城墙又有所加固。直至康熙二十二年（1683年）清廷收复台湾岛，靖海侯施琅"表奏朝廷，重葺（厦门城）城窝"，历时两年至康熙二十四年（1685年），厦门城曾扩建，但记载不详细，考古尚没有发现城周扩大的实证。专家推测，如康熙二十四年扩建属实，至多是在厦门城南门与西门之间或西门外地段有所外凸。清代城墙以长条石铺砌，城墙高1.5～4.5米，顶宽在3.5米左右，基部宽4米许，有窝铺22个、雉堞496个。

明初，中左所兵额1204名，位列永宁卫属下10个所中第四位。中左所与其他卫所一样，有自己管辖的地域和军户。明成化年间，浯屿水寨一度移至中左所所在的嘉禾屿。明初浯屿水寨的员额接近3000名，官兵常驻嘉禾屿，这个岛屿一下子热闹起来。

《中左千户所城图》为厦门迄今年代较早的古地图，绘制于明万历三十年（1602年），原图附于绢刻本《泉州府图说》，今收藏于美国国会图书馆。图中，深绿色波浪纹为海域，中左千户所是图中最主要的标识，另有浯屿水寨、塔头巡司、高浦巡司以及径山烟墩等。从该图看，筼筜港呈"U"形，水域略有夸大，嘉禾屿山海相依，山环水绕，岸线曲折，犬牙交错。

万历《泉州府图说·中左千户所城图》

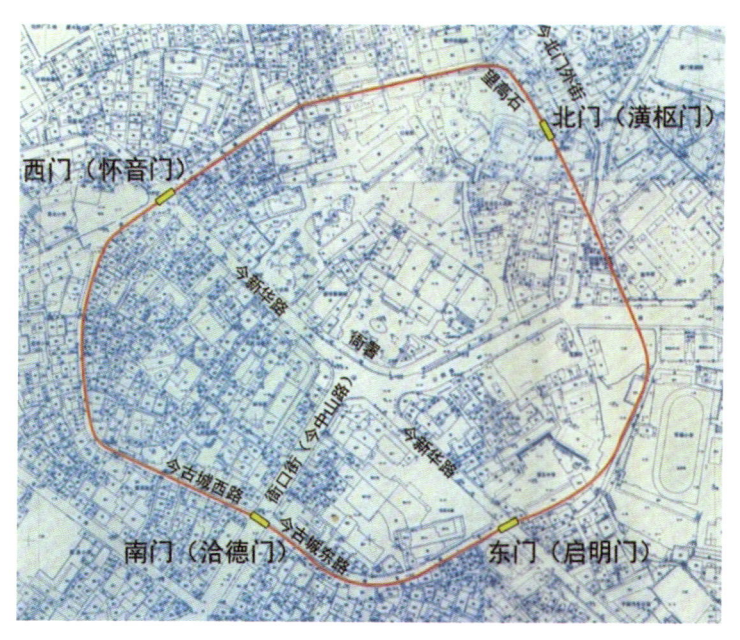

厦门城周复原图（靳维柏、郑东 供图）

按照厦门文博专家靳维柏、郑东的考证，中左城复原后，所城东门在今华侨大酒店附近古城东路，西门在今新华路与思明东路、故宫路交叉口，南门在今古城东路、古城西路与中山路交叉口，北门在今北门外街附近。如从复原图来看，厦门城周接近桃心形。

> **小贴士**
>
> ## 永宁卫中左所城
>
> 源于明洪武年间的"永宁卫中左守御千户所城"，初衷在于防御来自海上的倭寇侵扰，所城所在地为"厦门"村落地界。此地依山傍海，居高临水，可攻可守，实为海防要地。顺治十四年（1657年）清廷裁撤中左所，中左所机构存世大约263年。康熙二年，闽浙总督李率泰令隳岛城，至康熙二十二年，靖海侯施琅表奏重建，城周有所扩大，从最初的425丈扩大至600丈，也就1400米左右，随着厦门知名度提高而称为"厦门城"，为福建水师提督衙门所在地。在封建时代，城池的形状时常被人们拿来做文章，从鸿山或虎溪岩山顶，是可以俯瞰厦门城的，城墙四周类似桃心形，故有"桃源""古桃源"一说。中左所也好，厦门城也好，这座城池，是厦门城市的肇始。该所城不大，没有引起世人足够的关注，世人目光更多地投向整座岛屿。

隆庆开禁月港兴

福建背山面海,明人郭造卿论断:"海者,闽人之田也。"乾隆《泉州府志·物产》记载"泉地斥卤而硗确,资食于海外"。宋元时期,泉州成为对外贸易最为繁忙的港口,漳州港口地位逊于泉州港,九龙江口的海口镇(今厦门海沧)为漳州主要的港口之一。明代福建造船技术发达,有船坞及造船工场,能够造出长十余丈、载重二百吨的大型商船。所造的福船,底尖上阔,吃水较深,适宜破浪远航。月港与福州甘棠港、泉州刺桐港、厦门港合称福建史上四大商港。明初,由于社会动荡、推行朝贡、厉行海禁,撤去市舶司,泉州刺桐港迅速走向衰落,为月港、厦门港的兴起提供了历史机遇。

明末张燮《东西洋考》载:"澄,水国也,农贾杂半,走洋如适市。朝夕之皆海供,酬酢之皆夷产。"澄,指的是海澄县,因为滨海,当地造船航海本领非同一般,便"走洋如适市"。海澄月港,又名月溪,因"一水中堑,环绕如偃月"而得名,地处龙溪县八九都,今龙海市海澄镇。邻近厦门港湾,位置偏僻,官府防备疏松,在明景泰、成化、弘治至嘉靖末期,月港与周边的海沧、浯屿、中左所(即厦门城)、浯洲屿(即金门岛)、泉州安海渐次成为走私的港澳,正如崇祯《海澄县志》所指出的："私造巨舰，岁出诸番贸易""自正德以后，月港豪民多造巨舰向外洋交易"。至嘉靖年间，月港已成为主要民间海外贸易港，厦门海域私人海上活动规模趋于庞大，贸易规模大、人数多、范围广，《嘉靖东南平倭通录》一书指出："闽人通番，皆自漳州月港出洋。"为了约束走私通番，龙溪县三都（今海沧）还专门置"安边馆""靖海馆"（一度改为"海防馆""督饷馆"）、设通判，但屡禁不止，浙江巡抚兼提督福建海防事务的朱纨，因为坚持"海禁"被诬陷降职，仰药而死。至嘉靖后期，海禁积弊甚多，对外贸易无法禁阻。

鉴于闽南人与葡萄牙人走私贸易已无法遏制，朝廷因势利导，于嘉靖四十五年（1566年）设置海澄县，隆庆元年（1567年）正式于海澄月港开设"洋市"。隆庆元年月港正式取消"海禁"，在大明王朝是重要的事件。明穆宗隆庆元年，福建巡抚涂泽民奏准海澄商民可去海外经商，并得到恩准，封闭的王朝打开一个门户。海澄月港，当是外贸中心，"澄商引船百余只，货物亿万计"。月港民间海外贸易的对象主要是东西二洋，东洋为今菲律宾、文莱等，西洋为今越南、柬埔寨、马六甲等，此外还有日本等。输出的货物主要为丝绸、布匹、瓷器、茶叶、砂糖等，输入的货物主要有香料、珍宝、番米、绿豆、番镜、皮货等。从隆庆至万历末期，四方异客，皆集月港，月港进入全盛时期。明朝右佥都御史周起元，为《东西洋考》作序，称颂月港为"天子南库"。

漳州地理学家张燮（1574—1640年）在其著作《东西洋考》"内港水程"一节中有关于"中左所"的词条："一名厦门，南路参戎防汛处，从前贾舶盘验于此，验毕，移驻曾家澳候风开驾。"从张燮所作"中左所"词条阐释可得出两点推断：一是这时的厦门还不是全岛的名称，不如中左所知名，有时可作"中左所"代名词。二是这个时候设有官方盘验机构。月港开设"洋市"后，出洋商舶必须在中左所（厦门）接受盘验，在曾家澳候风开驾前往南洋，冬季出洋，夏季回港。海港条件优于内河港口。月港开禁，有力地推动了厦门港的崛起。曾家澳，即今天厦门思明区曾厝垵，多次出现在明末清初的厦门地图里。曾家澳，在旧时是一个港口，今天仍有一个名为"港口社"的村庄，即以前的港澳岸线所在地。

万历三年（1575年），福建把总王望高奉命前往菲律宾与西班牙当局商谈联合镇压海盗林凤武装集团事宜。同年7月西班牙传教士、菲律宾圣奥斯丁会主教马丁·德·拉达随王望高从吕宋访问厦门，意在探索福建的通商和传教路子。他们在福建4个多月，拉达撰写了《福建行纪》，记述在福建的见闻与活动。拉达一行的船只于7月5日抵中左所，书中记载："这个中左所是一个漂亮的新镇，有4000户，一直驻有1000戍军。四周是大而坚固的墙，城门用铁皮加固；所有房屋的屋基使用石灰和石头，石灰和泥土筑墙，有的用砖。房屋内构筑良好，街道平宽，都铺整齐。"

番薯，俗名地瓜，原产于美洲，系大航海时代的舶来品，"价甚平宜，贫民代粮食"。番薯进入中国，福建先人贡献颇大。清乾隆年间《金薯传习录》，是一部有关种植推广番薯的珍贵文献，该书记载了长乐华侨陈振龙在吕宋经商多年，见当地朱薯遍野、生熟可食，于万历二十一年（1593年）"五月中开棹七日抵厦"。书中回忆：万历二十一年五月陈振龙携番薯藤乘船从吕宋出发，七日后抵达厦门，再转至福州家乡试栽成功，次年福建巡抚金学曾在全省推广栽种，恰逢大旱，起到灾年救荒的功效，番薯一度又享有"金薯"别名。另，马铃薯，老厦门人称为"番阿番薯"，此名提示马铃薯引入厦门的年代晚于番薯。

天启年间，因南洋为荷兰殖民者所控制，中国商人、船队无法自由航行南洋，加之明末清初厦门湾动荡战乱，月港"家室俱破""民生惶惶"，迅速败落。而厦门，作为一个天然海港，优于内河港口的月港，于是取代月港登上历史舞台。

小贴士

厦门外来物种

空心菜，有瓮菜、蕹菜等名。道光《厦门志》和民国《厦门市志》此般注释：一名空心菜，蔓生，花白，茎中虚，并转述《通斋闲览》一书记载：（空心菜）本生东夷古伦国，人用瓮载其种归，故俗名瓮菜。原来用瓮运载其种子，于是有"瓮菜"一名。采其苗以土壅之辄活，亦名"蕹菜"（也有写成薕菜者)。

　　荷兰豆,民国《厦门市志》描述:"以熟于年底,故名贺年豆,或云荷兰豆。味甘。"此豆并非原产荷兰,只是随着荷兰人殖民扩张,此豆传播四方,多称为"荷兰豆"。此豆过年前后当季上市,厦门志书称为"贺年豆",或是"荷兰豆"谐音所致。

鹭与岛·思明州

海上仙山,又因为形似展翅的鹭鸟,更是增添几分灵动。岁月流转,朝代更迭,战事频仍,或明或清,岛屿自此成为各方瞩目的要地。

登高望远鹭始现

"鹭"从何来？于厦门是个严肃且无法绕开的问题。岛称鹭岛、江称鹭江，家喻户晓。"鹭"，不会凭空飞来。

厦门云顶岩观日台

洪济观日，为厦门"大八景"之首。洪济山，即今天的云顶岩，海拔339.6米，为厦门岛最高峰，此处是一绝佳观景地点，居高临下，一览众山小。《厦门志》如是记载："峭拔耸秀，嘉禾山脉发源于此，为屿中诸山之冠""登洪济山顶，一览可尽"。明朝隆庆至万历年间，丁一中、刘存德、傅钥等文人骚客竞相赋诗。前人偶尔心存浪漫，明代知名地理学家何乔远的《闽书》甚至写道："登临洪济山，日出可望日本。"对于厦门岛这样不大不小的岛屿来说，登高望远是常态，举目四望，山环水绕，江山多娇。

明嘉靖朝倭乱，为害剧烈且持久，倭寇多次骚扰厦门海域。有史记载，明嘉靖二十七年（1548年），福建都指挥佥事卢镗大败倭寇于浯屿。嘉靖三十六年（1557年）十一月，一批倭船屯泊厦门港外浯屿岛，分别劫掠同安、南安、惠安等县。嘉靖三十七年（1558年），倭寇火烧浯屿寨，攻同安县城，知县徐宗夔率领军民上城抵御，以铳击伤倭酋后，倭众始退走。民国《金门县志》记载：嘉靖三十九年（1560年）三月，"漳贼林三显等……结倭酋阿士机等，自料罗登岸，掠（金门）十七都"，"四月，漳贼谢万贯、一贯复率十余船，自浯屿、月港而来"。同安知县谭维鼎率各乡征集的义兵，配合明朝官军，在海沧、白石等地打败倭寇。五月，参将王麟、把总邓一贵率军在鼓浪屿、镇海山、刺仔尾等处，打败倭寇海盗几百名，擒获倭寇头目"哑哩国王"及海盗头目许西池、徐老等人。

《厦门市志·大事记》记载，"隆庆三年（1569年）四月，指挥张奇峰擒获侵扰同安沿海的倭寇，倭患乃平"。隆庆三年六月，闽粤水师联合歼灭海盗曾一本于两省交界处，隆庆四年至六年，倭寇仍不时侵扰福建沿海。

战争攻防与港口开放，必然提高一个地方的重要性，相比承平时期，战时对于舆图、地形必然更为重视。地理位置决定了厦门的重要地位，官员士绅，上洪济山云顶岩登高瞭望，不全是浪漫，应有实地察看地形备战的需要。泉州海防同知丁一中在云顶岩石刻就有三处，集中在隆庆三年至六年。由于备战需要登高望远，人们对地形、地图的认知亦随之增加，逐步认识到厦门岛像一只展翅大鸟，从形似鸥、鹤等，再逐步统一到鹭，故有"鹭岛""鹭门"的萌芽、发端。

抗倭名将俞大猷在《送傅仰山受儒官荣归》一诗中写道"十洲三岛海洞天，空中白日飞神仙。种桃结实岁三千，鞭鸾驾鹤日翩翩"，称九龙江口诸岛为"十洲三岛"。傅仰山，即傅钥，中左所进士傅镇的弟弟。俞大猷身处抗倭时代，戎马生涯，对蓬莱、瀛洲当有寄托。

隆庆三年（1569年），泉州海防同知丁一中在崇武督师作战。丁一中作《秋日督师崇武城登岞山龙岩观海作》："海宇新逢瘴雾收，余氛犹事运前筹。长风宜破鲸鲵浪，逸兴闲过鸥鹭洲。细柳已能闲远略，群英亦解抱先忧。沧溟万里平如掌，蓬岛相携驾鹤游。"诗中"鸥鹭洲"，指的是今天的厦门岛，说明这个时候已产生了"嘉禾屿"似鸥似鹭的提法。丁一中另一首诗《鼓浪屿》，也有"野人惊问客，此地只邻鸥。归路应无路，十洲第几洲？"诗中的"鸥"指"鸥鹭洲"，即嘉禾屿、厦门岛，鼓浪屿就是丁一中眼中的"十洲"中的洲、岛，海中的仙山。

刘存德，字至仁，号沂东，福建同安东桥人，明嘉靖十六年（1537年）、十七年（1538年）联第进士。他于隆庆五年（1571年）八月游云顶岩，赋诗《云顶岩》镌刻于厦门云顶岩方广寺附近的崖壁，今尚存："百丈岩头开宝地，九重天际叩玄关。此身直向龙门度，何日更从鹤岛还。无数青山罗海上，居然阆苑出人间。凭高不尽登临兴,指数凤洲芳草闲。""鹤岛"未能传开,应与其闽南语发音为去声,略为拗口有关,"鸥鹭洲",总不如后两字简洁。

明末厦门本土诗人池显方的诗作最多,流传最广。他的《与补陀坚上人》一诗就有"其来月港者,多就鹭门宿",从中可见到月港的外地人,有不少停靠厦门留宿的。他的《玉狮山房》一诗有"从古相传白鹭门,于今不数薛陈村"。凡此"鸥鹭洲""鹤岛""鹭门",说明诗人们一直在嘉禾屿的形状上做文章、找创意。

丁一中与"鹭岛"有千丝万缕的关系。丁一中,字少鹤,号少鹤山人,他曾任泉州海防同知,也是一位活跃的文人,在闽南处处留下诗词石刻,在厦门鼓浪屿(鼓浪洞天)、云顶岩、金榜山、胡里山炮台、中左所城、同安西山、海沧东孚等七处均有他的石刻,就是他把这嘉禾屿比作鸥、鹭的。笔者直觉认为,丁一中在"带节奏",把人们的目光引向"鹭岛"。

明朝中晚期,同安厦门不少名人喜欢以"洲"为号,多有岛洲情结,比如名宦洪朝选,号芳洲;金门进士卢若腾,号牧洲;中左所池浴云,号龙洲;池浴德,号明洲。部分厦门名人甚至以鹭岛为号,这与"韩昌黎""柳河东"有所不同,韩柳系后人美誉追加。关于"鹭岛"名称,傅、池两家以身作则,有过重要贡献。

傅姓是中左所名门,思明区今仍有傅厝巷。傅钥,受过儒官，他的兄长傅镇是进士，为厦门岛上最有成就的官员之一。傅镇嘉靖十一年（1532）登进士，历官南京、广东、云南、山东、河南、浙江、湖广，累官至南京右都御史、操江提督，傅镇生前享有"傅虎""傅真金"等誉称，万历年间去世赐葬。傅钥大舅子林丛槐，字应昌，同安东市人，官至南京户部主事。傅钥自号"鹭门山人"，著有《鹭门山人诗集》，其时福建名人何乔远为之作序，他本人与俞大猷、沈有容等名人交往甚多。从傅镇嘉靖十一年中进士、万历年间去世赐葬大致推断，傅钥自号"鹭门山人"，应在中年成名时，当不早于隆庆年间。

原傅镇墓道牌坊（陈章志　拍摄）

池浴沂，池浴德之弟，池显方的叔叔，自号"鹭洲"。池浴沂生于嘉靖二十三年（1544年），卒于崇祯七年（1634年），假设中年取号，当在万历年间。

鹭岛之名，从傅钥取号"鹭门山人"、池浴沂取号"鹭洲"来看，大致始于隆庆万历年间。

阮旻锡生于天启七年（1627年），卒于康熙五十三年（1714年），历天启、崇祯、顺治、康熙，自号"梦庵""鹭岛道人""鹭岛遗衲"。

明末清初厦门人杨秉机也自号"鹭岛遁人"。如此普遍以地为号，说明"鹭门""鹭洲""鹭岛"之称已被广为接受。

清代《福建沿海图》局部

《福建沿海图》，横661.5厘米，纵36厘米，绢绘彩图长卷，现藏于中国国家图书馆，清康熙二十二年（1683年）绘。图中有"鹭山"，说明"鹭岛"之说已流行。中左所城的周边，有鹭山，东北边有高崎、五通、圆通港，西南有厦门、演武亭、白石头、鼓浪屿等，充分体现以中左所为中心的防务。厦门，与"中左所"是分开的，在水仙宫与演武亭之间，相当于今天厦港街道老街区这一带。图中有"圆通港"，这关乎"筼筜港"的前世，鹭山，应该是鸿山、五老峰一带。"鹭山"出现，说明"鹭岛"别称在康熙朝已经稳定,已经连带出一些以"鹭"命名的次一级地名。

> **小贴士**

厦门大八景

"厦门大八景"一说,见于乾隆三十四年(1769年)刊刻的《鹭江志》,由蒋国梁、林兆鲲作诗赋词、配图成为八景。具体为:

1.洪济观日。洪济山是厦门岛上最高山峰。山上有云顶岩、醽济岩、留云洞、风动石、方广寺等胜迹,主峰云顶岩海拔339.6米。旧时绝顶筑有"观日台",有一石亭,供游人看日出奇观,"洪济观日"列为厦门名景之首。留云洞、丁一中、刘存德等名士在石壁上留有诗刻。

2.阳台夕照。阳台山,系洪济山支脉,其西麓面对筼筜港及浮屿一带,山际曾经一片黄沙,每当夕阳西下,百鸟归林,落日余晖照耀,山顶一片金黄,十分瑰丽。

3.五老凌霄。五老峰因五座山峦连绵相依而得名,山上峰峦叠翠,远眺江海,殊为胜景。明初,同安僧人觉光和尚寄身鹭岛无尽岩,兴建普照寺。到清康熙二十二年(1683年),施琅将军驻扎厦门,捐俸扩建,并奉祀观音菩萨,于是更名为南普陀寺。

4.万寿松声。万寿岩在阳台山东麓,史料记载,明永乐年间,月照禅师开辟万寿岩,创建佛教道场,又名山边岩,寺边松林郁苍,有一巨石,镌刻有"万寿松声"。松高耸入云,若华盖状,清风过处,声如涛涌,音似龙吟。

5.虎溪夜月。虎溪岩有天然岩石洞窟,周遭岩石刻有"棱层""摩天""啸云""三笑"等石刻,景点有夹天径、伏虎洞、渡虎桥、飞鲸石等,巨石嵯峨,曲径通幽。伏虎洞泥塑一老虎,每逢中秋之夜,月光直照洞内老虎,"虎溪夜月"遂成一胜景,历代文人墨客吟咏甚多。

6.筼筜渔火。筼筜港(今筼筜湖)在鹭岛之北,绵延十余里,宽四里许。

港内盛产鱼虾,每逢秋后,江鱼洄游,灯光诱捕,点点渔火,若隐若现宛如列星,故名"筼筜渔火"。清代诗人蒋国梁有诗"万顷筼筜水接天,夜来渔火出云烟。辉煌千点官浔外,明灭三更凤屿前"。1970—1971年筼筜港围垦,堤岸自浮屿至东渡横贯南北,筼筜港自此化为筼筜湖,"筼筜渔火"不复出现。

7. 鸿山织雨。鸿山为厦门岛一名山,山上有石刻记录明朝天启年间徐一鸣率军与侵扰厦门的荷兰殖民者作战经历,有明末郑成功修筑嘉兴寨遗址,镇南关等名胜原在虎头山与鸿山之间。每当雨季,斜风细雨,雨随风飘,遂有"鸿山织雨"景致。

8. 鼓浪洞天。日光岩,耸峙在鼓浪屿中部偏南,海拔92.7米,登高望远,九龙江出海口,山海苍茫,水天一色,风光旖旎,鼓浪屿宛若海上仙山,享有"海上花园"美称。日光岩下有禅寺,历史风貌建筑众多,华洋杂处。岛上步移景异,巨石峭壁有"鹭江第一""鼓浪洞天""天风海涛"等80余处摩崖石刻。

经营鹭左思明州

明末，战争频仍，鹭岛迎来了艰难的时期。郑芝龙原是海商，早年追随海商李旦，后来成了"开台王"颜思齐的接班人，他亦商亦盗，借助武装势力，控制台湾海峡及往南洋、东洋的航线，称雄一时。崇祯年间被朝廷招安，成为游击、总兵。郑芝龙被招抚后，陆续剿灭其他海上势力，并在与荷兰舰队作战中获得胜利，逐步控制了台湾海峡至日本的航线，畅通了海上贸易，日本成为郑氏主要贸易对象，主要贸易商品有生丝、丝织品、砂糖和鹿皮等。

崇祯之后，明王室先后有福、唐、桂三王称帝。福王朱由崧在南京所建立的弘光政权结束后，唐王朱聿键在明福建巡抚张肯堂、礼部尚书黄道周及郑芝龙、郑鸿逵拥戴下，于1645年闰六月初七在福州登基称帝，改元隆武。清军入闽，隆武二年（1646年）八月底，隆武帝于福建汀州被清兵所俘并被害，隆武政权宣告灭亡。

鼓浪屿郑成功雕像（黄少毅　拍摄）

　　郑森，又名福松，字明俨、大木，为郑芝龙长子，天启四年（1624年）七月十四日出生于日本，七岁时被接至泉州，青年时期入南京国子监读书。隆武元年（1645年），21岁的郑森受到隆武帝接见，并被寄予厚望，赐姓"朱"，这是民间尊称其为"国姓爷"的由来，同时改名"成功"，准确来说称"朱成功"或其本名"郑森"方为妥帖，后世称"郑成功"，已是将错就错、混搭的产物。在民族大义、个人志向等选择方面，郑氏父子有分歧，郑芝龙于顺治三年（1646年）十一月降清，郑成功则避走金门，竖起"忠孝伯招讨大将军"抗清大旗，招揽郑芝龙旧部继续从事抗清事业。

隆武政权覆亡后，郑成功奉永历帝为正朔，永历帝对郑成功寄予厚望，先是敕封郑成功"漳国公"，再晋封其为"延平王"，之后又议封其为"潮王"。经常听到的一个说法是郑成功"反清复明"，其实准确来说应该是"抗清"，不是反清，反，多指反叛、造反，从明郑政权的角度来说，其一向忠于大明王朝。

郑成功在郑鸿逵的支持下，先在南澳召集数百名士兵，随后发展至数千人，永历元年（1647年）八月，进攻泉州失利。永历二年（1648年）三月，攻克同安，设官统治。郑成功起事后，长期在海上漂泊，一度驻扎鼓浪屿。永历三年（1649年），据有漳浦，围攻诏安，控潮阳、揭阳。永历四年（1650年），郑成功联手郑芝鹏袭杀郑联于厦门万石岩，至此，福建海上力量尽归郑成功，厦门、金门乃至闽南逐步成为东南沿海抗清复明的中心、根据地。郑成功积极以商养战、训练军队、建局造械、整顿舰队，扩充武装力量，今厦门大学演武亭一带即是郑氏军队的操练场所。永历四年，郑成功率部进攻潮州、惠州。次年三月，攻下大星所。不料，清福建巡抚张学圣、泉州守将马得功等发奇兵袭厦得逞，郑鸿逵被迫弃权归隐，郑成功完全掌握军权。其间，郑成功与施琅矛盾加剧，施琅降清。永历五年（1651年）五月，郑成功出兵攻海澄、出击漳浦并在小盈岭阻击清军，局势转好。永历六年（1652年）春季，郑军与清兵交战，互有胜负，郑军在漳州江东桥附近全力与清浙闽总督陈锦所部作战,清兵大败,陈锦为家丁所杀。

永历六年(1652年)五月至九月,郑成功部围漳州。永历七年三月,郑成功助张名振进攻长江,牵制清军,支持西南抗清斗争。永历七年五月,金固山率清军进攻海澄失败,郑军与清军进入对抗阶段,并发兵潮州。清廷转而试图招安,双方进行系列和谈。清廷以郑芝龙性命相威胁,要挟郑成功剃发降清,郑成功则利用和谈之机,派军队至泉、漳、兴化等处索取军饷。永历八年十一月,漳州清军千总刘国轩暗通郑军,郑军入城,漳州府属十县相继降郑。至永历八年底,和谈基本破裂,郑氏已趁机控制漳、泉、兴化大部分区域,逐步成为南明抗清主力。

永历九年,三万清兵入闽,郑成功将大军移至金门、厦门,主动积极防御,进一步加强政权建设,设立吏、户、礼、兵、刑、工六官。永历九年七月,郑成功分兵出击潮州、舟山等地,均有斩获。永历十年四月,清军泉州守将韩尚亮率水师自泉州港出发讨郑,在围头港附近溃败。同年六月,郑军海澄镇将黄梧降清,损失巨大。八月,舟山方面水师先胜后败。郑氏转而控制闽江口,牵制福州清军。永历十一年(1657年),郑成功继续在闽浙粤三省用兵,十一月,攻克潮州鸥汀背寨,解除南线后顾之忧。在系列战役之后,郑军势力逐步扩大。据《先王实录》统计,明郑势力最为强盛时,有陆师72镇、水师12镇、战船逾千艘、甲士20万、铁人8000人。

南明延平王户官杨英撰《从征实录》（又名《先王实录》）载，永历九年（1655年）三月，六察官周素、叶茂时等条陈，中左，兴王之地，不宜因循旧址，顾名思义，请改中左所为思明州，亦如新丰故事也，藩从而改之。厦门思明区轮渡码头附近尚有《重修洪本部渡头碑记》，系因明郑将领洪旭得名，南明永历四年洪旭设"兵部衙堂"于此，简称"本部堂"，巷子遂称"洪本部巷"，一头连着开禾路，一头连着磁安路。

从郑成功抗清集团来看，若沿用明初称厦门岛为"中左所"或"嘉禾里"未尝不可，但作为一个所或一个里，都不过是小地方；称"厦门"，则由于"厦"与"下"同音，在有明一代，这个名字似乎都不被待见，何况郑成功政权正处于守御困顿状态，应是忌讳这个含有"下"的地名。在明代，州有府州与散州之分，前者相当于府，后者介于府县之间。从嘉禾里、中左所到思明州，不仅是更换个名称，还在于升格，从一个边陲岛屿升格为比一个县规格高的行政单位，有助于树旗帜、招兵马，最大限度聚合各方力量抵抗清军。郑成功先后任命郑擎柱、邓会、薛联桂为思明州知州。

永历十二年（1658年）五月，郑成功在厦门誓师北伐。八月，在长江口羊山遭遇飓风，损失巨大，约数千人丧生，只得退兵舟山休整。永历十三年（1659年）四月十九日，再次大举北征。五月十三日，郑成功再次率领大军从浙江沿海出发北上。此时，郑军共有大小舰船三千余艘，兵马十余万，铁人八千。首先攻占定海（今浙江舟山），全歼了清军定海水师，焚毁船只一百余艘，基本消灭了浙江清军的海上军事力量。六月，为了牵制清军对南明永历政权的三路围攻，郑成功与张煌言配合，率领八十三营十七万水陆大军，声势浩大，北伐南京。郑成功北伐军水陆并进，攻陷焦山和瓜州，六月二十四日攻占了长江重要门户镇江。六月二十六日，郑成功部前锋已抵南京城下，七月十二日，完成了对南京的包围。与此同时，张煌言率军沿江而上，占据太平、宁国、池州、徽州等四府三州。然而郑军有所轻敌，后勤保障又不力，不擅长陆地作战。七月二十三日，南京城里的清兵总督郎廷佐指挥清军反攻。不到半天时间，郑军多处营寨阵地相继被清军攻破，精锐损失近半，损失了大小船只五百多艘，主要将领甘辉、张英、万礼、林胜、陈魁、蓝衍、余新战死。郑军最终抵挡住清军的水上攻势，掩护残余陆军撤到船上。郑军八月十三日退出长江，退回金门、厦门，张煌言也败退浙东，北伐南京宣告失败。南京一役具有决定性，此役失败后，明郑政权转入防御阶段。

清顺治十七年（1660年），清朝派达素将军进攻厦门。四五月间，清军集中了泉州、漳州各路兵力，郑军水师在闽南崇武、刘五店、金门、高崎、东渡等地，与清军战船作战，郑成功指挥得当，大败清军。

经历北伐南京战役重大失败后，郑成功逐步考虑战略转移。永历十五年（1661年）三月二十三日，郑成功军队2.5万名官兵，400余艘船只从金门料罗湾挥师东征，四月初一日郑成功军队顺利登陆鹿耳门，四月初六日，赤嵌城里的荷兰人投降，十二月十三日，热兰遮城的东印度公司守军司令揆一签字投降，历时八个多月，郑成功军队从荷兰人手中收复了台湾宝岛，结束了荷兰在台湾三十八年的统治，不愧为民族英雄。虽然历史不容假设，但我仍想过，郑成功如果没有挥师东渡台湾，他充其量就是像李定国一样的抗清名将而已。无奈英雄气短，永历十六年（1662年）五月初八，郑成功英年早逝。

之所以说郑成功政权是"明郑政权"，是为了区别于南明福唐桂小王朝。由于地理分割等原因，郑成功军事集团实质上状若独立王国，标志之一在于设立"六官"，即吏、户、礼、兵、刑、工六官。郑成功设了储贤馆和育胄馆，培养青年人才，抚恤烈士子弟。明郑政权以金、厦两岛为基地，实施"通洋裕国"策略、积极发展海上贸易，成立"山五商""海五商"贸易机构，铸造永历通宝，以商养战，凭借其巨额利润维持庞大军费开支。黄梧降清后，曾上疏："成功山海两路各设五大商，行财射利，党羽多至五六十人。"据日本学者岩生成一研究，1647—1662年，入长崎港的中国船主要来自郑氏势力控制的地区。比如1650年来港的70艘中，来自郑氏势力范围内（厦门、福州、漳州、安海）的有59艘，约占84%。有的年份，海外贸易的利润可以支撑明郑军费及其他开支六成以上。

这个时期，厦门还有另一别称——鹭左。

张煌言，鲁监国兵部侍郎，与岳飞、于谦并称"西湖三杰"的民族英雄，1664年10月在杭州被清廷杀害。曹从龙，字云霖，鲁监国时期兵部侍郎，系明郑后期官员，与张煌言相交甚密，后随郑军赴台。张煌言作《曹云霖中丞从龙诗集序》回忆道："岁在壬辰（1652年，顺治九年），予避地鹭左，云霖俨然在焉，欢然道故。予时栗栗棘人耳，不敢轻有赠答；而云霖囊中草多感时悲逝，亦不肯轻以示人。"若从"江左""淮左"来理解"鹭左"，明末清初人们对"鹭江"的理解，其所指范围远比现在厦鼓海域要广，甚至连今天的厦门西海域也包括在内的。

明郑总兵官林开勋墓志局部

墓志中的"鹭左"字样

这一方墓志，系永历庚寅年（1650年）浙江左参政（名梦官）为总兵官林开勋所撰，墓志称鹭岛为"鹭左"。这方墓志是厦门经济特区建设初期，在厦门华美卷烟厂工地发掘到的，墓志原件原由厦门市郑成功纪念馆收藏，现存厦门市博物馆。从铭文上可以清晰看出，这是明郑官僚梦官撰写的，这时称厦门为"鹭左"，当别有一番用意。

古人习惯以东为左，以西为右。"无颜见江东父老"，江东即江左，南明官员把"鹭左"与"江左""淮左"相提并论，其实质是表明时局困顿艰难、国运坎坷。从另一侧面也说明鹭岛、鹭江已被接受。也有人指出，"鹭左"系"鹭岛"与"中左所"之结合，姑且当作另一种解说。

"思明"也好，"鹭左"也罢，厦门作为明郑集团抗清根据地，前后达三十余年，厦门成为东南沿海抗清斗争的中心、驱荷复台的基地。明郑的坚守与抗争，让厦门这座岛屿的战略地位得以迅速提升。

小贴士

郑成功名号

乱世出枭雄，明末天启至崇祯年间，郑芝龙成为海上霸主。郑芝龙在日本平户与田川氏结为夫妻，公元1624年7月，长子郑森出生于平户岛川内浦千里滨，幼年名福松。郑芝龙接受明朝官方招安，成为游击、总兵，于1630年把长子郑森接回泉州府，延聘名师授业，14岁进南安县学，20岁入南京国子监。1645年，黄道周、张肯堂等明朝遗臣在福州拥立唐王朱聿键称帝，年号"隆武"。隆武帝倚重郑芝龙，《台湾外纪》记载：（芝龙）引其子森入见。隆武奇其状，问之，对答如流。隆武帝遂赐姓，兼赐名"成功"，封御营中军都督，仪同驸马。隆武二年晋封"忠孝伯"，赐尚方宝剑，便宜行事，挂招讨大将军印。隆武政权灭亡后，郑芝龙降清，成功不从，避走金门，招兵买马，收编郑芝龙旧部，寻求抗清光复之举。

郑森的后半生，当以"朱成功"为荣，他所钤印多为"朱成功"，所铸漳州军饷花押即署"朱成功"。《台湾外纪》记载，郑成功自称"成功""本藩"。郑成功曾获多种封号，除了隆武朝的"忠孝伯"，在永历朝，先是被封"威远侯"，继而被封"漳国公"。闽北"延平"之名早已有之，永历十一年（1657年），永历帝晋封郑成功"延平王"。部将称成功为"国姓""赐姓""藩"。"国姓爷"，系民间对郑成功的尊称，进而产生"国姓井""国姓寨""国姓庙"等传说，甚至私下祭祀国姓爷。郑成功挥师东征，经过8个月苦战，1662年2月荷兰东印度公司台湾长官揆一投降，投降书上称成功为"Coxinja"，即"国姓爷"的音译。日本也有国姓爷一称，音译为"Koxinga"。

清顺治年间至康熙初年，清廷对郑森举兵抗清是恨之入骨的，清廷官吏有意混搭出"郑成功"一名，且多冠以"伪国姓""海贼""郑逆"等蔑称。称"郑成功"，一则不认同南明小朝廷封赐，二则可挑拨南明王室与郑氏的关系。康熙帝下诏将成功父子迁葬南安，出于安边怀柔计，诏书定调:"朱成功系明室遗臣,非朕之乱臣贼子"。有清一朝,朝廷对郑成功时褒时贬,康雍乾期间文字狱盛行,地方志书对于成功、郑经父子予以静默回避,直至清末民初,官方才逐步恢复郑成功的历史地位,"郑成功"一称已约定俗成。

厦门抬升鹭江传

明末清初,厦门、金门及大陆沿海不时成为南明、清军双方势力争夺范围,郑氏政权有大海作藩篱,有强大的水师,清朝骑兵难有作为,致使清廷采取"禁海迁界"的策略,即使一时攻占了,也不作长久经营的打算。《皇朝武功纪盛》记载:康熙二年(1663年)"诏舟师会剿金门、厦门。十月,大军克厦门。谕如顺治十八年例,迁界守边,厦门遂墟"。是月,施琅、黄梧、荷兰东印度公司揆一组成联军攻克厦门,嘉禾屿十万遗民"多遭兵刃",活着的被强迁界内,"嘉禾断人种"一语成谶。

顺治十三年(1656年)清世祖发布上谕,严禁商民船只私自下海贸易。顺治十八年(1661年)颁布迁海令,即"迁界",北起直隶,经山东、江南、浙江,南至福建、广东,均属迁海范围,沿海居民分别内迁30～50里,商船民船一律不准入海。康熙元年(1662年),辅政大臣鳌拜下令从山东至广东沿海居民再次内迁,房屋全部焚毁。直至康熙二十二年(1683年)才废止海禁,前后延续22年,沿海百姓因为迁界事,流离失所,惨不忍睹。沿海的岛屿及海边地带的居民,从北到南,一刀切,都迁入内地。同安县要迁至马巷、灌口以西,相当于今天324国道以东多数划为禁区。这些沿海地带,都是海洋文明发祥地或富庶之地。

康熙十九年（1680年），三藩之乱接近尾声，清军连克海坛、金门、厦门、铜山。康熙二十年（1681年），郑经病逝，明郑集团出现内乱。同年，施琅复任福建水师提督，专事平台事宜。康熙二十二年（1683年）六月，施琅率水师自铜山东征澎湖，六月廿二日清军全胜。在强大军事压力下，九月明郑集团投降，施琅收复台湾，完成清朝版图统一。清廷随后在台湾设一府三县，派官管理，隶属福建。

台湾归入清朝的版图后，"海氛廓清""环宇宁谧"。接下来短短几年，厦门得到迅速发展。康熙二十三年（1684年），清廷准予开放海禁，设立闽粤海关、台厦兵备道。康熙二十四年（1685年），清廷重修厦门城，福建水师提督开府建衙于厦门城，为从一品大员，负责管理全省水师事务，节制金门、海坛、南澳三军镇，兼及澎湖和台湾海防军务；同年五月，闽海关衙署正式办公。原先设在养元宫，因海关隶属户部，通奉第巷连接养元宫的巷子，因而得名户部巷。康熙二十五年（1686年），泉州海防同知移驻厦门，负责泉州府内海港管理、征收商税、监督兵饷发放、听断地方词讼，有时也管理台运米粮事务，海防同知驻厦门的厅署，在厦门鸿山寺之东，俗称"海防厅""厦防厅"。"海关衙署""海防同知"等官方机构在厦门设置，把"厦门"地名抬升到一个新高度，"厦门"渐次成为正式地名。

康熙帝对台湾的治理甚为重视。自康熙二十三年起，明令大陆与台湾最初仅允许厦门与台湾鹿耳门对渡，所谓"单口对渡"；康熙五十八年（1719年）下诏重申："凡往台湾之船，必令到厦门出入盘查，一体护送，由澎而台。由台而归者，亦令一体护送，由澎到厦，出入盘查，方许放行。"一直到乾隆四十九年（1784年）朝廷才增加石狮蚶江对渡彰化鹿仔港，乾隆五十五年（1790年）增加福州五虎门对渡淡水八里坌。从此一口对渡才演变为三口对渡局面。台海对渡专门有一类船只，名为横洋船，由厦门对渡台湾鹿耳门，涉黑水洋。厦门民族路有"料船头街"，原先是台湾府派驻厦门的"台湾公馆"所在地。其采购木料的机构为"配料馆"，故有配料馆巷，这些街巷名便是台厦对渡历史的遗存。

　　且看看地名的政治属性。每次领土纷争，各个政权都有各自的主张。明末清初，厦门在名称上有些混乱。南明郑成功集团，是风雨飘摇的政权，对于与"下门"相关的地名"厦门"或有所忌讳。明郑不排斥"中左"，后期主张使用"思明州"，1655—1680年，满打满算就26年。清顺治至康熙朝施琅收复台湾之前，清廷对东南沿海是恨之入骨的，称金、厦两岛为逆岛、逆巢。清廷征服台湾岛后，很快撤换承天府、东宁省、天兴州、万年州等一系列带有明朝色彩的机构，而改为凤山、诸罗等，这些都是例证。

　　客观上，朝代更迭，战争、政治与地名好恶有密切关系。明末与倭寇、清廷在东南冲突，正是这种纷争冲突为"鹭岛""鹭江"产生提供了恰当的氛围，这便是"鹭岛""鹭江"流传的时代背景之一。倭乱、抗倭，使对地形地图的研究成为常态，促成了"鹭岛""鹭江"别称雅称的萌芽，明郑与清廷的对抗则促成"鹭岛""鹭江"的推行。

且看本土知名诗人是如何称呼这座岛屿的。民间对于清廷的杀伐征服有仇视怨气，连带对于"厦门"地名应有所抵制，从乾隆年间本地的士绅名流的诗词文献来看，提及"厦门"地名的，少之又少。明末诗人池显方的诗集《晃岩集》，多提及鹭洲、鹭门。清兵部武选司主事黄日纪的个人诗集《归田集》以及其与厦门文人名士于榕林别墅中吟咏唱和之作《榕林汇咏》中，多以"鹭岛""鹭江""鹭门""鹭城""鹭山"代指嘉禾屿、厦门岛。黄日纪作为一位朝廷命官，其著作有一定代表性。

小贴士

陈氏五祖回堂记

陈氏五祖回堂记，系一方龟趺石碑，花岗岩质地，碑高2.20米，宽0.93米，厚0.19米。碑额篆书"陈氏五祖回堂记"，碑文楷书，可辨识共365个字，碑文四周绕刻莲花祥云纹，石碑左角略为残损，总体美观大方。原碑存于思明区洪山柄墩仔社，2006年因城市建设移至厦门市博物馆保管。陈氏五祖回堂记碑刻披露了陈氏五位祖先存世年代、归葬地，清初厦门迁界等诸多信息。立碑于康熙二十八年阳月,即公元1689年11月。碑刻撰写人、立碑人陈昌国,世居厦门,在明郑集团里应小有地位,投诚后曾任河南睢阳、南阳通判,转任临安闲职,在康熙二十五年（1686年）前,补官延绥东路。

该碑文曲笔道出厦门一段史实。清初,清军与明郑在厦门、金门周边攻防拉锯,为切断明郑经济来源,清廷实施迁界,长达二十余载,以致"癸卯之冬,禾岳播迁,举家逃窜,庐舍为墟,桑田成海"。禾岳即嘉禾、禾山,时间上迁界始于癸卯年,即康熙二年（1663年）,终于康熙二十二年（1683年）施琅复台之后。道光《厦门志》也记载:"康熙二年,迁界守边,厦门遂墟。"顺治十八年（1661年）颁布迁海令,即"迁界",沿海居民一律驱离家园,内迁三十里以上,坚壁清野,民不聊生。在历经二十多年背井离乡、颠沛流离之后,陈昌国终于返迁厦岛故地回堂祭祖,并勒石纪事。

《陈氏五祖回堂记》碑
（黄少毅　拍摄）

地图给力有真相

城市，包括"城"与"市"，城由城垣所包围，是以防卫居住功能为主的大型聚落。古人"筑城以卫君，造郭以守民"，明初"卫""所"缔造出不少城市，比如厦门、天津、山东威海、宁夏中卫。"市"是交易买卖的场所，最初的市为方便城乡交易，设在城外，随着交易量增大，逐渐有人居住在交易之处，渐成聚落，并与城连起来，成为城的一部分。厦门，在"中左所"名字通行的明代是座"所城"，重心在所在城。在清政府统一了东南之后，"厦门"知名度抬升，"厦门城"几乎转换为福建水师提督官署所在地。

施琅复台以后，东南海疆安定，承平日久，厦门城的防御功能相对弱化，慢慢演变成"市"。由城及市是一个嬗变的过程。最早的"厦门市"，出现在乾隆二十八年（1763年）编撰的《泉州府志》第五卷"街巷市廛"，标注"厦门市，在嘉禾里"，这时的"市"，与同安县松柏林市、灌口、角尾（角美，1958年以前属同安县管辖）是同一类的交易市场，即"草市"，类似集市，并非当代意义的城市。城与市融合，使城在原有防卫功能之上又增加了商业中心的功能。鹭江之滨、厦门岛一侧密布码头，功能分区细化，说明其处在由城向市的转型过程中。

早期的市，无疑是集市的"市"，具贸易功能，《鹭岛全图》《厦门全图》标注一字排开的系列码头，即体现出厦门海滨商埠的特征。

《鹭江志》，乾隆三十一年（1766年）编撰，乾隆三十四年（1769年）成书。原版印有白描轮廓勾边隶篆体"鹭岛全图"四字，"鹭岛"与书名《鹭江志》的"鹭江"一脉相承。该书由薛起凤、杨国春、黄名香三人编撰。薛起凤，镇海卫人，举人出身，长期在厦门岛居留，杨国春、黄名香则为厦门本岛文人，这岛在三位编撰者眼里是"鹭岛"，包括杨国春的名篇《鹭江山水形势记》也以"鹭江"代指鹭岛、嘉禾屿，可见当时此

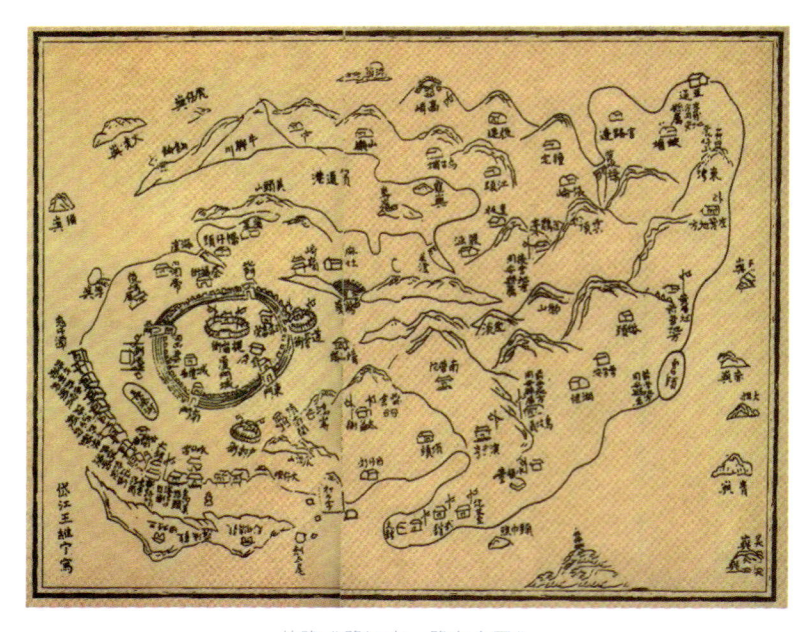

乾隆《鹭江志·鹭岛全图》

岛还不通称厦门岛，或者编撰者或暗或明拒不认同"厦门"。

其时鹭岛村庄格局基本定型，地图采用山水写意的方法。厦门人眼中的"浮屿"，原是海中的一个小岛。这时筼筜港还叫"筼通港"，港的东头，有"凤屿""龟屿"。"筼通港"引起我最初的关注。细细想过，这不会是绘图者王维宁一时手误，而是乾隆中期关于这个港湾名字的直观体现。

道光《厦门志》所附《厦门全图》，与《鹭岛全图》相比，筼筜港依旧弯曲，浮屿仍在水中央，海港已不称"筼通"，改称"筼筜"。从乾隆朝到道光朝，北面的牛脚川，已雅化成"牛家村"。凤屿还在，龟屿在该地图上消失了。时隔七十年，从《鹭岛全图》到《厦门全图》，从"鹭岛"到"厦门"，说明这座岛屿的名称在演进变化，"厦门"知名度提升，"厦门"这一

道光《厦门志·厦门全图》

地名已被认可接受。

相隔七十年，两幅地图除了附图名字及小部分地名有点变化外，其余大部分标识，连码头名称都近乎雷同，时间在这七十年内似乎停滞了。这个时期，西方大量运用现代测绘技术绘制的地图已如雨后春笋，一国一地落后，仅从测绘制图技术便可管窥。

在士绅文人眼中，以前的厦门岛会是什么样呢？有图有真相，先看几张老地图。

乾隆《泉州府志》附图局部

先看看乾隆二十八年（1763年）《泉州府志》附图。认真一看，这座岛屿像不像一只展翅飞翔的鸟呢？大致"脚川饷馆""高崎"一带是头颈，中左所城及五通两端相当于展开的两翅，南部厦门港一带则为鸟的尾部。

泉州海图厦门局部

　　这是一幅乾隆年间舆图，在厦门规划展览馆复制展出，该舆图收入2006年厦门市国土资源局编印的《图说厦门》一书。之所以认定图中"鹭鸟"是上头下脚，左右翅膀，原因在于：一是一般看图的习惯为上北下南，二是鼓浪屿、大担、二担这些岛屿有点像鸟蛋依附其下；三是《鹭江志》中杨国春的名篇《鹭江山水形势记》指出，"牛家村，厦之龙基焉"，牛家村即图中"脚川饷馆"所在山体，被杨国春视为厦门岛龙脉基础、开端，当然作为头部恰当。四十多年前，厦门市行政中心选址湖滨北路，与杨国春这篇文章或有关系。

《厦门工商业大观》附图《山脉形势图》

　　1932年出版《厦门工商业大观》附图，虽然名为《山脉形势图》，但仔细一看，倘若忽略左下角的鼓浪屿，厦门岛颇像一只龟，更像一只大鸟，只是头部变成左右东西向，不是以前的上下南北方向了。看了上面三张老地图，自然有强烈感觉，这些地图里的厦门岛颇似一只展翅飞翔的大鸟。

　　认真看地图，厦门岛有两处断裂凹陷地形，东边是钟宅湾，西边是筼筜港（填筑西堤后变成筼筜湖），这两处断陷几乎把厦门岛分开。这两处均有大面积的水体，筼筜港曾经有十来平方公里，钟宅湾也有五平方公里。这两处水体让鸟的头颈与张开的双翅有物理分隔，为形似"鹭"奠定地理基础。

　　有图有真相，地图会说话，且看鹭岛局部。清代关于厦门岛的地图，如《鹭岛全图》《厦门全图》，多用山水形意图，厦门岛形似鹭鸟，从地图上大致可直观看出，上北下南，南以厦门城、五老峰、厦门港为主，北则以狐尾山、仙岳山及北部丘陵为主。筼筜港北岸狐尾山、仙岳山一带因山体海拔不高，呈一长列丘陵，则为鹭的长喙及头颈。这一带丘陵，原是陆相中酸性火山流纹岩及其碎屑，与南岸的花岗岩地貌相比，山体显得圆润绵长，起伏不明显。狐尾山西端的崩坪尾，临海，不时坍塌崩落，故有地名"崩坪尾"（闽南语，意即"不时崩塌且处于末端"）一说，倘若站立在洪济山顶或鼓浪屿远眺，狐尾山临近东渡的山体在视觉上确实是斜入海中的。崩坪尾略往东，即是"牛家村"圆润的山头，再往东，狐尾山—仙岳山山体轮廓，则酷似鹭鸟的头颈。

可能有人会质疑，前人所画的地图画得不科学。当然，与现代测绘技术相比，他们的绘图水平的确有些拙劣。但放在以前的历史背景看，这与当时认知水平是匹配的。

小贴士

福建水师提督

康熙元年（1662年）专设福建水师提督，驻漳州海澄，首任提督施琅；康熙七年（1668年）被裁。康熙十七年（1678年），再设福建水师提督。康熙十九年（1680年），移福建水师提督驻扎厦门，康熙二十一年（1682年），施琅复任水师提督；康熙二十四年（1685年），靖海侯施琅建衙署于厦门城内。清宣统三年（1911年），孙道仁为末任福建水师提督。福建水师提督逾六十名，知名的有施琅、杨捷、万正色、吴英、施世骠、蓝廷珍、甘国宝、李长庚、陈化成、彭楚汉、杨岐珍等。

福建水师提督为从一品官员，统辖福建全省水师军务，驻扎厦门，节制金门、海坛、南镇，兼及台湾、澎湖。康熙二十七年（1688年），定福建水师营制，提标中、左、右、前、后五营，初时额设缯、艍兵船七十只，每营实兵八百四十余名，每营兵船十四只，编列海、国、万、年、清五字为号，配弁兵炮械，出洋巡哨防守各汛。福建水师设中军参将一员、守备五人、千总十人、把总二十人。福建水师提督一年亲巡南洋金门、铜山、南澳等处，一年巡北洋海坛、闽安、三沙、烽火门等处，二年而遍。巡阅台湾隔二年一次，与将军、总督、巡抚陆路提督分年轮巡。

海滨邹鲁傍朱子

朱子系继孔子之后,成为儒学集大成者的标杆性人物。明清一代,不论在思想、道德、文化、伦理等方面,福建都深受程朱理学的影响。尤其是同安、漳州、泉州、尤溪、建阳等地,均为朱熹活动轨迹所在地,其影响更是深远绵厚。朱熹,少年得志,十九岁中进士。同安县是朱熹的首仕之地,绍兴二十三年(1153年)朱熹任同安县主簿,直到绍兴二十七(1157年)年离任。朱熹一生倡理学、办学堂、兴科举,助推同安文教文明厥功至伟,至今同安有"朱文公祠""高士轩""同民关""安乐村塔"等与朱子相关的史迹,以及"同山""仙苑""太华岩"数处题刻。朱熹不是同安一县之主,却成为历朝历代同安最为知名的官吏。今天同安大轮山山麓,仍有"文公书院"纪念朱熹。

作为同安县的一部分,绥德乡嘉禾屿、嘉禾里,这是朱熹曾经走访踏勘之地。在闽南民间,尊称朱熹为朱熹公、朱文公、朱公。厦门岛上有"朱公山",乾隆《鹭江志》记载"朱公山,在二十一都,虎山之北,朱文公尝游其岭,故名"。民国《厦门市志》"山海"部分也有载:虎仔山之水分二,一由朱公山过高林出东埭而入海。朱公山,在虎仔山西北,海拔50.4米,其实乱石杂陈、土地贫瘠,生长着本土树种相思树、马尾松。

我认为，明代漳州的胜景"白鹭洲"、厦门的"鹭洲""白鹿洞"地名，依稀可见程朱理学对这片土地的渗透浸润。也正因是朱子过化的所在，同安县也好，嘉禾屿也好，均自称为"海滨邹鲁"。在厦门金榜山公园，就有沙孟海先生所题摩崖石刻"海滨邹鲁"，以表达这滨海之地具有文明气象。

"白鹭洲"一名，南京有，江西有，福建也有。江西吉安白鹭洲书院，系传播程朱理学的重要场地。福建漳州，在明代就有"白鹭洲"，为漳州的胜景之一，有文昌桥（后称东新桥）连

厦门宝珠屿（黄少毅　拍摄）

接漳州城与南郊，桥北建文昌阁，桥中有水月亭，桥南建观海楼。漳州白鹭洲大致地处今漳州市南郊鹭洲路与芗江江滨一带，这处胜景在清代逐渐湮灭。而厦门，有白鹿洞、鹭洲、紫阳书院等，这些地名不能不说或多或少存有程朱理学的底色。

厦门部分地方文史专家述及朱熹任同安县主簿时，于绍兴二十三年（1153年）秋，巡游县（指同安县）之西界安仁里蔡林社时，曾经为"蔡林八景"各赋一诗，八首诗还被收入《民国同安县志》。相传朱熹遥望海中的宝珠屿，被迷人的景色感染，即兴写下七绝《珠屿晚霞》。该诗的序文如是说："屿在文江（即马銮湾）南流，浮于江，润泽圆美，宛若宝珠。日升时射映江中，水光腾跃，灿若朝霞。"诗云："宝珠自古任江流，锁断银同一鹭洲。晓望平原灿日色，霞光映入满山丘。"倘若这诗真是朱熹所作，那鹭洲、鹭岛就得从南宋绍兴年间算起。然而查阅上海古籍出版社、安徽教育出版社2002年出版的《朱子全书》及2022年上海古籍出版社出版的《新订朱子全书：附外编》，均没有收入《珠屿晚霞》一诗，经研判，当为后人伪托之作。不独《珠屿晚霞》，还有《金榜山赋》，也有专家指出系伪托朱熹之作。伪托之作，正如当下不少假借名人名言的情况，都有其社会思潮或时代背景，更多的是傍名人的情结。

小贴士

白鹭洲

洲，本是江心洲。随着州县制推行，原本作为岛屿的"洲"似乎淡出了。江万里任江西吉州知州，创办白鹭洲书院，是江西四大书院之一，影响巨大，书院创立者江万里是程朱理学的继承者，推崇朱子学说。从文化影响来看，程朱理学对明清两代福建影响甚为深远，同安县是朱熹首仕之地，其任主簿前后五年，影响自然非同一般。有明一朝，漳州、厦门各有地名白鹭洲、鹭洲，厦门又有"白鹿含烟"景点及紫阳书院等，均与程朱理学在福建传播有关。至于厦门现有白鹭洲公园，系三十多年前新填出的湖心岛，纯属是因市鸟白鹭而命名"白鹭洲公园"，与程朱理学没有直接关联。

故纸堆里觅鹭影

接下来,让我们从故纸堆里去寻找"鹭"的踪影。

乾隆《鹭江志》和道光《厦门志》这两本志书,成书时间相差70个年头。道光《厦门志》对乾隆《鹭江志》进行质疑,指出"鹭江二字之义,未知所本",即不知道"鹭江"依据在哪。民国《厦门市志·疆域志》"沿革"部分,也提及"鹭屿、鹭门、鹭江之称,究未知所本"。这里"鹭屿、鹭门、鹭江"与"鹭岛"是一回事,即道光《厦门志》、民国《厦门市志》编撰者对"鹭岛"从何而来是持困惑态度的。这说法,似有诡异之处。但从另一角度来看,至少在道光《厦门志》出版前,即1839年之前,尚没有产生"鹭岛"来源于白鹭鸟的说法。

有个插曲。海洋、海岛是一个适合浪漫思想的载体。金门,就有别称"仙洲",嘉禾屿,曾一度被称为神话传说中的人间仙境、世外桃源。

抗倭名将俞大猷在《送傅仰山受儒官荣归》一诗中写道"十洲三岛海洞天,空中白日飞神仙。种桃结实岁三千,鞭鸾驾鹤日翩翩",称九龙江口诸岛为"十洲三岛"。傅仰山,即傅钥,厦门中左所籍名臣傅镇的兄弟。俞大猷处于抗倭时代,对蓬莱、瀛洲当有向往。丁一中《鼓浪屿》一诗,也有"野人惊问客，此地只邻鸥。归路应无路，十洲第几洲"，诗中的"鸥"，指"鸥鹭洲"，即嘉禾屿、厦门岛，鼓浪屿就是诗人眼中的"十洲"之一。

清王步蟾在《鹭门杂咏》写道："号小杭州犹未称，此间合比古桃源"。纪石青也有诗句"若使桃源今可得，吾生终不老鱼虾"。民国《厦门市志》曾记载：此岛初如桃形。有清一代，可能缘于厦门城周类似桃心形，其在一些文人笔下成了世外"桃源"，但这别称没有流行起来，个中原因之一是距离厦门不远的永春，县城就叫"桃城"，厦门是抢不过的。这个插曲，说明前人企图给这座岛屿找别名。

作为这个岛屿史上最有名的诗人，池显方使用"鹭"系列已十分娴熟，他的诗作《与福安族侄》写道："源深支远好秦川，流到鹭江浪卷天。吏部教人惟一语，安贫力学种山田。"这里的鹭江，肯定是指嘉禾屿。池显方另一诗作《送伯兄致夫北上》，开篇两句为"西平汉来多侯职，文皇时复起尺籍。长溪移住白鹭泽，高祖伯仲贯金石"，这诗是池显方为其兄池显京（字致夫）北上任和州知州所作，"长溪移住白鹭泽"，指的是他们的祖上因军功自长溪迁徙于嘉禾屿海滨，即诗中"白鹭泽"。

《玉狮山房》一诗，其中有"从古相传白鹭门，于今不数薛陈村。一城如花半倚石，最高镇北学龟蹲"，白鹭门，实指嘉禾屿。

《冬游洪济山》:"山下风多上转晴,恍疑展翅入瑶京。洲形果小如飞鹭,峰势狂奔欲吸鲸。石塔连云齐倒影,天河与海共无声。一宵唤酒争观日,醉醒红窗已六更。""洲形果小如飞鹭",意即冬游厦门岛最高峰洪济山,极目望远,厦门岛不大,形如飞鹭。

池显方在《大同赋》中更是设定了一位"鹭先生"一问一答,无疑,这里的"鹭先生",其实是他自己的化身,类似自问自答。在《大同赋》用不同字体标注"鹭门,嘉禾山别名"。池显方是"鹭"系列早期的重要推手。池显方生子于明万历十六年(1588年),顺治九年(1652年)65岁,卒年未详。其壮年当处于万历和天启年间。他提及鹭门时,

池显方关于"鹭门"的注释
(陈章志 供图)

特别注明"嘉禾山别名",即嘉禾屿的别名,说明在万历、天启年间,"鹭门"仍处于推广阶段。上述过程,说明先是认定形如鸟,再逐步统一到鹭。至于是谁先命名嘉禾屿为鹭岛,现在难以考证。

> 小贴士

文献稽古

地方文史，没有太高门槛，往往散落在各种载体、媒介里。或文献，或碑刻，或字画，或方言曲艺，或名胜地理，或民俗传说，或建筑文物，或遗址旧迹，等等。随着岁月的流转，地方文史总会在哪个角落里留下痕迹，不会迅速湮没了事，所谓"文化投射"，大致如此。文献，是其中最为重要的载体之一，这是前人留下的宝藏，是历朝历代无数作者的沉淀积累，后人据此追根溯源、刨根问底，容易找到地方文史的蛛丝马迹，若再佐以实物史迹，就可以尽量恢复历史的本来面目。地方文史爱好者，涉猎之初，可从本地的文献或物证入手，加以"小切口、深挖井"的办法，这是比较容易出成绩的。

近年厦门市图书馆编纂"厦门文献丛刊"，入选书目多为未曾开发的地方文献，已陆续出版19种23册，值得厦门地方文史爱好者关注。

观念转变鹭褒贬

有一次，我观看厦门卫视录播的歌仔戏《渡台曲》，尽管字幕显示的是"一只小白鹭，一飞五千里"，但视频的闽南语唱词里，"小白鹭"不叫"小白鹭"，分明是"白翎鸶"。说白了，老厦门人习惯用闽南语"白翎鸶"称"白鹭"，视频就是例证。如果这岛是来自白鹭，那不是叫白翎鸶岛？一般来说，文雅的别名，包括"鹭岛""鹭江"在内的地名，最初与平头百姓无关，多半始于官员、文人的创意。

在民间，闽南人一度对纯白色的白翎鸶心存忌讳，纯白色常与白事相关，连带着对"白翎鸶"也没有好感。厦门市井时不时可以听到某人像一只白翎鸶的说法，意即该人瘦削或营养不良。

乾隆《鹭江志》第三卷《土产·禽之属》专门收录厦门本地十八种禽鸟，有麻雀、燕子、乌鸦、钓鱼翁等十八种，却是没有鹭鸟的身影。我们可在逻辑上稍作探讨：如果"鹭"从鹭鸟来，乾隆《鹭江志》编撰者却没有把鹭鸟收入书中，逻辑上有相悖之处，其中原因之一就在于厦门乃至闽南民间对纯白色的忌讳，使其有意忽略了。另外，类似一座稍有规模的岛屿，其赋名或更名，往往不是一般平头百姓能够主导的。

鹭岛、白鹭的地位的提升与官本位的影响不无关系。《禽经》"鸿仪鹭序"喻百官班次。注曰："鹭，白鹭也，小不逾大，飞有次序，百官缙绅之象。"官本位的社会里，常以侍察者来比喻鹭鸟，试想白鹭伸长脖子的样子，非常贴合。明清官制，补服补子，文官用飞禽，武官用猛兽。在明清两朝补服一项，仙鹤用于一品文官，鹭鸶用于六品文官。在明清乃至更早的朝代，"鹭鸶"所指即鹭科、白鹭，大致指喙长、颈长、腿长且有丝状长羽毛的鹭鸟，古代"鹭鸶"，也称"丝禽"，并非现代狭义的"鹭鸶"。对于同安县属下的厦门这个蕞尔岛屿来说，六品文官不是遥不可及的。加之开埠以后，西方白色婚纱习俗逐步传入且被接受，也促进厦门传统观念更新，白鹭、鹭鸶也渐渐被接受。

小贴士

"科举蝉联"

厦门市博物馆石雕园收藏有一块青石雕板，图面上浮雕出鹭、莲花、蝉、波纹。"鹭"与"路"同音，"莲"与"连""联"同音。莲花生长，常是棵棵连成一片，故谐音"连科"。旧时科举考试，秀才、举人、进士接连金榜题名，谓之"连科"。鹭，还是六品文官的象征，鹭与荷花、蝉组成的图称"科举蝉联"，寓意应试连捷，仕途路路顺遂。

"科举蝉联"石雕

别名众多归鹭江

倘若要深入了解鹭岛的历史，有必要先了解三个汉字——洲、屿、岛，这对于了解厦门是绕不过的。再依次阐释"鹭洲""鹭屿""鹭岛""鹭城""鹭门""鹭左""鹭江"。

"洲"，先秦《诗经·周南·关雎》写道，"关关雎鸠，在河之洲"。《释名》："水中可居者曰州，人及鸟兽所聚息之处也。"从象形文字来看，本义应指向江河里可供人类与动物居留的沙洲、冲积岛。早先的洲，是没有三点水的，之后废郡设州、推行州县制，"洲""州"逐步分设。

"屿"，在宋代通行，字形用"山"作偏旁，"与"是声旁。在古籍里，"嘉禾屿"，也常被称为"嘉禾山"，都是指后世的"岛屿"。

随着前人对海洋的认识加深，"岛"在清代、近代通行。小篆"岛"中"山"为形符，字义与山有关，"鸟"是声符，鸟所依止。其中的屿、岛，都与山有关，但这个山并非真正的山，明朝经常把江中或海中的岛称作"山"，尤其在帆船时代航海人常把海面上见到的陆地称为"望山"，等同于岛屿，比如普陀山、嘉禾山等。

在厦门，关于"鹭"的地名里，绝不只"鹭岛""鹭江"，历史上还有"鹭洲""鹭屿""鹭门""鹭城""鹭左""鹭津""鹭丘"等提法，俨然一个大家族。

鹭洲

"洲"即岛，在唐代，这座岛屿不叫岛，叫"洲"。《唐许氏故陈夫人墓志》，即有"清源之南界，海之中洲，曰新城，即今之嘉禾里是也"。康熙《漳州府志》记载，漳州府城有胜迹，名"白鹭洲"，且附图留于该志书中。厦门志书中曾经的"白鹭洲""鹭洲"，本地文人实指厦门岛，并非今天筼筜湖湖心岛的"白鹭洲"。"鹭洲"一称，在厦门岛诸多别称中使用频率较高，时间跨度较大。

《嘉禾名胜记》收录有郑莘的《游云顶岩》："云顶岩头眼界宽，鹭洲俯瞰如弹丸。"

本地诗人林翼池的诗集取名《鹭洲拾草》。

江煦《将军礁垂钓》诗曰："急流勇退知谁氏，白鹭洲边拂钓丝。"

鹭屿

鹭屿与嘉禾屿、鼓浪屿的"屿"有一定传承关系。先是"洲"，继而"屿"，再来"岛"，近代"岛"与"屿"分开，"屿"一般为小岛。岛，则面积大一点。南宋王象之《舆地纪胜》载："嘉禾屿，在同安县海中，延袤百余里，居民千余家。""嘉禾屿"，这是厦门岛首次出现在古籍里，其时为南宋理宗宝庆三年，即公元1227年。

《读史方舆纪要》载，"嘉禾屿……一名鹭屿，一名厦门"。明末清初厦门知名诗人阮旻锡著有《鹭屿诗四首》，乾隆中叶薛起凤著有《鹭屿论》等。

鹭岛

"岛"的名称，清代常见，"鹭岛"成为厦门岛的别称，押ao韵，广受诗人欢迎。岛形似鹭，称鹭岛甚妥当，只是鹭岛一词拼音及闽南话，均以第三音及第四音出现，显得不亲切，且在闽南话里，"岛""倒"发音近乎一样。近代少写古体诗，鹭岛使用频次呈下降趋势。

蓝应元为乾隆《鹭江志》作的序写道："思鹭岛自历代至我朝……若夫鹭岛之形势，山高海阔，地灵人杰。"

廖飞鹏为乾隆《鹭江志》作的序写道："鹭岛则为全省诸水道之要冲……鹭岛自海氛而后……"

佟法海《游南普陀》："天水苍茫一望同，何妨海外说真空。诗人便是开山祖，风雅禅林鹭岛中。"

纪许国《大担屿风雨感事》："自从鹭岛住吾家，又向波间一泛槎。"

清林树梅《拜忠愍公祠》："鹭岛归忠骨，淞流带恨声。"

鹭城

清王步蟾《鹭门杂咏》："虎山山北鹭城东，游屐曾邀宋晦翁。"池显方《玉狮斋记》："鹭城如斗，内巨石有九。"厦门称"鹭城"，理论上不准确，这种叫法不多。一座城建得像鹭鸟的形状，可能性极低。

厦门城北门旧影

清代张承禄《同题——秋日同游荷庵》有句"柴扉半掩石桥横，疑似芙蓉隔鹭城"。鹭城的"城"，与石桥横的"横"，只是追求押韵，并非精准指向所谓的"鹭城"。

鹭门

池显方《玉狮山房》："从古相传白鹭门，于今不数薛陈村。一城如花半倚石，最高镇北学龟蹲。"

明傅钥著有《鹭门山人诗集》，清莫凤翔著有《鹭门草》四卷。

陈迈伦《水仙宫》："鹭门禹庙落成初，胜景层开接太虚。"

清代张对墀著有《鹭门山行记》一文，另有《鹭门观海》诗云："天池何浩浩，近接鹭门岛。帆影蔽津梁，桅尖拂苍昊。"

咸丰年间兴化进士涂海屏有律诗《咏厦门》："鹭门烟雨鸡笼近，烽火何年始闭关？"

民国时期江煦《万石岩》："千回百转径通幽，说法生公石点头。万笏朝天何处是，木犀香里鹭门秋。"

此处鹭门，当与金门、厦门、海门有关。在厦门经常听到"一城如花半倚石，万点青山拥海来"，实为集句联，出自池显方的诗句。前句摘自《玉狮山房》诗句"一城如花半倚石，最高镇北学龟蹲"，后句摘自池显方《题普照寺》（即今南普陀寺）诗句："一泓碧水和云下，万点青山拥海来。"

鹭江

乾隆年间杨国春名篇《鹭江山水形势记》，收录于《鹭江志》，这里的"鹭江"不实指"江"或"水域"，而是泛指鹭岛及其山山水水。

江煦《鹭江名胜诗钞》载"环岛为嘉禾海（即鹭江）"。江煦，民国初期知名文人，他的观点"环岛为嘉禾海（即鹭江）"，格局颇为宏大。只是这是一家之见，大多数人还是把今天鹭江道与鼓浪屿之间的水域当成鹭江。

黄日纪《万石岩》："鹭江富名寺，万石独称最。"

林鹤年《鹭江棹歌》："白鹭横江点点烟，鱼雷冲浪演楼船……乘槎约略乌衣国，浮岛分明白鹭江。"此处"白鹭江"，这个"白"字，纯粹是作诗补字需要，不见得有实质用途。

"鹭江"，在"鹭"系列家族里格外引人注目。摩崖石刻有"鹭江第一""鹭江龙窟""三巡鹭江"，书刊有《鹭江志》《鹭江报》《鹭江名胜诗钞》，当代有市政道路"鹭江道"，游艇"鹭江号"，机构则有以"鹭江"命名的职业大学、街道办事处、公证处等。

"鹭江第一""鹭江龙窟"石刻，均在鼓浪屿日光岩景区。"鹭江第一"，镌刻于清道光年间，题写者为福州林鍼，字景周，原籍福建长乐，清道光年间寄籍鼓浪屿。1847年，林鍼受美国商人邀请到美国教习中文，1849年回国后写了一部《西海纪游草》，介绍美国游历见闻。"鹭江龙窟"，为日光岩莲花庵后摩崖石刻，每个字有三米多高，系1920年前后泉州人张大河所书。"三巡鹭江"则在中山公园魁星山，为隶书直行题刻，为曾宪德同治六年（1867年）所书。曾宪德，字峻轩，湖北京山人，曾三度任福建兴泉永道道员，有政声。

乾隆《鹭江志》，成了厦门现存最早的地方志书，与道光《厦门志》成了厦门的名山宝藏，半部志书知厦门，大致这两本书可以做到。

在厦门轮渡码头与鼓浪屿之间，隔着一片约600米宽、1200米长的水域，这水域全然是海水，但今人习惯称之为"鹭江"。"鹭江道"则是厦门老市区最为重要的一条滨海道路，此道路与鼓浪屿隔岸相对，近在咫尺，占尽地利风光。道路内侧高楼林立，市井繁华，而临海一侧，有众多码头泊位，近年全部改为交通客运码头，游船如织。

"鹭江"一名，到了近代常用。"江"用在诗词方面，押韵好用。如把"鹭江"作为一个修饰词，后缀一名词，意境颇佳。

从众多关于"鹭"系列的诗词中，可以看出"鹭洲""鹭屿"地名，受传统文化的影响，称"岛"之前普遍称"洲""屿"，近代大多认为"岛"面积上大于"洲""屿"。"鹭岛"一名，文字上没有瑕疵，但发音均为去声，没有起伏感，且"岛"与"倒"谐音，这不利于一般工商主体注册采用。"鹭门"，对应"厦门""金门""海门"，仍有一定延续性。"鹭城"，本来就牵强，随着厦门城的拆毁，这地名迅速消亡。"鹭左"，则与时局艰难相关。"鹭江"，音韵意境甚佳，一枝独秀。"厦门"这个名字意境不佳，不好入古体诗。为什么以"鹭"为名的岛屿有这么多"鹭"系列的地名？其中第一个原因，是旧时作诗押韵的需要，可不时切换后缀以押韵。第二个原因：从"鹭洲""鹭岛"等等，到近代大为流行的"鹭江"，是语言文字优胜劣汰的结果。地名，另有一个音韵学的属性。"嘉禾里""嘉禾洲""嘉禾山""嘉禾屿""白鹭洲"，都是平仄平。"厦门岛"，仄平仄；如果叫"厦门屿""厦门洲"，仄平平，就有点轻飘了，不耐听。比如厦门地方名特产"海蛎煎"，之所以不叫"煎海蛎"，就是音韵的选择。

"鹭岛""鹭屿""鹭门""鹭江",为什么当代唯独偏好"鹭江"?鹭江宾馆、鹭江派出所、鹭江街道、鹭江公证处,换成"鹭岛"就会凝滞。哪个名字顺口,哪个名字就容易流传,鹭江,再后缀一个机构名称,就有"仄平仄"的效果,甚响亮。存在就是合理,能够广为流传就有其内在的原因。

小贴士

地名的时代性

地名时常有时代的烙印。比如在岛屿的称谓上,就有"洲、屿、山、岛",反映了前人对河海岛屿认识的深入过程。"洲",相对较久远,主要指称江心岛,如《诗经·关雎》"关关雎鸠,在河之洲";"屿",宋代极为常用;"山"则在明代常见,用在海上则为岛屿;"岛",大致最为年轻。在港口方面就有"澳(岙)、港、湾",在闽南宗教场所方面就有"院、岩、寺",且伴有年代特征。更别说诸如"洪本部""本部巷""南普陀"等直接有历史典故的地名。地名的时代性,有助于治史的学者凭借地名断代。

一个新开发区、新城区,道路、桥梁、街巷、小区、楼盘、项目均存在科学取名的问题。"鹭"系列地名,几经腾挪转换,曾经各自存在过,如同一株树干上众多枝杈繁茂生长着。鹭岛、鹭江,伴随这座岛屿城市成长着,为厦门增色不少,理应珍惜。一方面要回首过去,整理掌故,另一方面要着眼未来,开放开明。地名,是一地一市走向世界、走向未来的通行证。鹭岛、鹭江,是浪漫,是张力,充满生机,未来可期。

办特区·鹭飞扬

　　收复台湾之后,东南安定,清廷相继在厦门设立海关衙署、兴泉道、海防厅,特许厦门—台南两地百年对渡。鸦片战争后,华侨与士绅开始主导城市的开发建设,近代鹭岛崭露头角。距今一百多年前,人们开始探寻"鹭岛"出处。二十世纪八十年代初,厦门成为经济特区,乘改革开放春风,更是一鹭冲天,成就了"厦庇五洲客,门收万顷涛"的恢宏气象。

前人寻鹭留痕迹

在近代,"鹭岛"又是如何与白鹭鸟直接勾连上的?"鹭岛"与"鹭"是何种因缘?不妨让我们看看几本图书的故事。

一是《厦门乡土教科书》,作者厦门周斌,厦门五崎顶倍文斋1911年刊印,收藏在厦门市图书馆。该书开篇第一章"厦门大势",开门见山,直白表述"厦门地形如鹭,故曰鹭门,孤悬海中,又称鹭屿,亦曰鹭江,别名小桃源"。这本书系初等小学教材,直白道出"鹭门、鹭岛"系因形得名,只是该书传播与影响似乎不大。

《厦门乡土教科书》局部

二是《鹭江名胜诗钞》。作者江煦,海澄县三都贞庵(今海沧嵩屿街道贞庵社区)人,谋职于厦门海关,闲暇之余好山水、工吟诗,在1926年编就《鹭江名胜诗钞》,1948年得以出版。江煦在"鹭江"一节加注"煦谨按：据厦门父老传言，厦门未开辟时，有白鹭甚多，栖止江上，故有鹭江之名"。查阅文献，江煦首次提出"鹭江"源自白鹭。不过仅从字面来看，"谨按""据传言"便透露出这个观点稍显底气不足。

三是民国《厦门市志》，在1949年之前就编纂完整，原稿及各种资料均保管于厦门市图书馆，但一直到1999年才出版。原稿中，有一篇名为《厦门形势》的文章，收入《民国〈厦门市志〉余稿》，原稿系用钢笔书写的，纸质淡黄，墨水为灰黑色，作者无可考。文中提到"（厦门岛）初如桃形，后稍填蚀，因而变态如鹭形，故有鹭岛、鹭门、鹭江等称"。当时编纂者不敢采用此说法，又觉得有价值，于是保留下来。也就是说，前人已经在思考"鹭岛""鹭江"出处了。

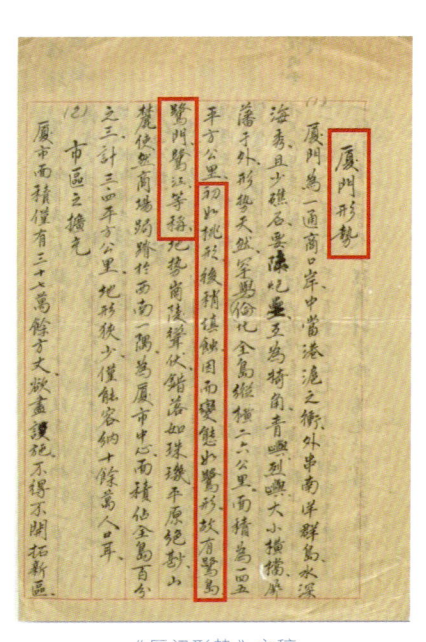

《厦门形势》文稿

四是在《南洋商报》1949年9月29日第3版，刊发该报驻厦记者梅友《厦门风光揽胜——中山公园允推华南第一》一文，该文章就有段落详尽介绍厦门地理，对"鹭岛"来由一说最为详尽。抄录如下：

《南洋商报》1949年9月29日《厦门风光揽胜》局部

"厦门又有个别号叫鹭江，也叫鹭屿，鹭门，鹭岛，据说是因为岛的形状跟白鹭相像。真的，整个北部就像鹭头，高崎是那毛冠的尖端，牛头山恰好像眼睛，官浔社是它的尖啄，钟宅江头是它的颈项，龙船礁是突出的胸部，五通在它背部。自胸部截下，另个半截不晓得那里去了？造物主要是让它成为一只全鹭岂不更好？又有人说，厦门未开辟时，岛上阒无人烟，蓬蒿没胫，白鹭群栖，因而得名。不晓得那个说对？"

五是《八闽风土记》。沈轶刘，上海人，抗战期间避乱来福建从教，走遍八闽山水，抗战胜利后他就写好《八闽风土记》书稿，直到1992年才由海峡文艺出版社出版，1993年沈轶刘去世。书中有一篇《嘉禾金鼓》，是介绍厦门、金门两岛及鼓浪屿的，其中提到："（厦门岛）厥形似鹭，别号鹭江，然无长足，转类于凫，或曰未人居先，恒为群鹭窟，名之以其用，两存之"。沈轶刘采用的是两种说法一并写上，让读者自行判断。

《八闽风土记》封面　　　　《厦门地名丛谭》封面

六是《厦门地名丛谭》，由福建省厦门市地名学研究会、《厦门采风》编辑部于1985年编印，书中收有厦门市方志办方文图先生的36篇旧作。其中《鹭岛与鹭》一文，曾于1961年5月21日发表于《厦门日报》，写道："有人说，厦门地形像一只白鹭,另有一说,厦门在人们未曾前来开拓之前,原来是白鹭栖止的地方,这一说似乎比较可靠。"

后面三篇文章,均透露出作者对岛从形来持将信将疑的态度,可惜的是没有一位像周斌一样坚定这个说法。不同的观点存在,说明这些文化人士都在思索"鹭岛"从何而来。

> **小贴士**

薪火相传

地方文史研究,有时也会遇到岔道。尤其是年代相对久远的提法,往往不会是单一的。总是有些知识分子从各自掌握的史料出发,孜孜不倦探求真相。文章合为时而著,每个时代有其语境,作者大多能够自圆其说。地方文史,暴得大名不易,初时可能只是史料,需要无数代人的搜集整理、累积沉淀,至于刊行问世更是来之不易。但凡综观一地的县志、府志序言,当明白一地文脉传承的艰辛历程。都说"盛世修志",其逻辑是须有国泰民安、和平安定的时代背景,才具备编修史志的基本条件。从《八闽风土记》来看,一部介绍福建风土地理的图书竟然要历经近半个世纪才出版,其中的曲折,可见一斑。

特区催生一市鸟

　　1980年10月7日，国务院正式批准在厦门湖里划出2.5平方公里设立厦门经济特区，1981年10月15日，湖里加工区正式破土动工，这在四十多年前是开放的大事，是这座岛屿的盛事。设立经济特区，让厦门站在沿海开放最前沿，各种优惠政策在这片热土实施，厦门深受世人瞩目。知名度和经济外向度扩大，必然赋予文化发展和对外交往更多机遇。厦门部分有识之士在1982年、1983年就提出评选厦门市树、市花、市鸟的动议。

　　先有鹭岛，再有厦门航空航徽白鹭，再有厦门市鸟。厦航这只白鹭，是有故事的。厦航"白鹭"大厦门市鸟两岁。1984年，筹建成立厦门航空有限公司，这是国内第一家股份制航空企业，急需设计一个航徽，委托厦门日报美术摄影部林世泽设计。当时国航航徽是凤凰，东航航徽是燕子，厦门"鹭岛"之名，已无人不知、无人不晓，理所当然就选中白鹭作为航徽。厦门航空公司航徽白鹭一飞冲天，催促着厦门市鸟的加速孵化。

厦门航空标识（郑晨昱　拍摄）

  1986年，在确定市鸟前，先是征求民意，推出海燕与白鹭一比高低，自然白鹭以90%的支持率胜出。1986年市人大常委会审议通过凤凰木为市树、三角梅为市花、白鹭为市鸟的决定。从现在通行的城市形象标识来看，市树、市花常见，市鸟在中国还不大普遍。细究之下，动物也是地球家园的一部分，是大自然的赐予，是生命，是生物多样性的体现。评选市鸟这一决定，在那个时代有领先的意义，防城港、曲阜、济南、新北、吉首等多个国内城市也都选择了白鹭作为市鸟。

厦门市花三角梅（黄少毅　拍摄）

厦门市树凤凰木（黄少毅　拍摄）

　　也正是二十世纪八十年代初，在酝酿确定市鸟的前后，白鹭不断在各类文艺作品、宣传材料里崭露头角，甚至出现神话传说，大意是古时白鹭曾经作为这座岛屿最早的主角，毒蛇肆意入侵这方乐土，于是双方发生了恶斗，鲜血流淌在这片土地上，化成凤凰树、三角梅，于是"因许多白鹭栖息在厦门岛上，厦门又名鹭岛，厦门与鼓浪屿之间的水道又名鹭江"成为一时不二之说，并广为传播。

厦门市鸟白鹭（黄少毅　拍摄）

白鹭洲中段南侧湖泊中，砌就一座白鹭女神雕像，一高大花岗岩基座上，一位沐浴的少女正在梳理长发，左肩停栖着一只小白鹭，这座雕塑屹立在水中央，车来人往，甚是醒目，近乎改革开放时期厦门的城雕。这座雕塑，其实是市鸟白鹭的文艺演绎。

厦门白鹭洲白鹭女神雕像（黄少毅　拍摄）

1991年12月厦门大桥通车，这是厦门岛与大陆沟通的第一座大桥。大桥靠近高崎一侧立有一个大型雕塑——一把硕大的金钥匙插入地面，金钥匙顶端的圆圈塑有一双翅平展的鹭鸟，长长的嘴尖叼着一股稻穗，设计理念当源于"嘉禾＋鹭鸟"。而事实上白鹭的嘴型、习性注定白鹭是以吃鱼为主的，不吃素的，该雕塑富有文艺联想，却违背了科学精神。

厦门大桥桥头雕塑（黄少毅　拍摄）

2002年，有市民发现厦门环岛路总长在42公里左右，建议厦门市举办国际马拉松赛，厦门市政府及相关主办单位认真采纳，并付诸实践，2003年创办了厦门马拉松赛，如今厦门国际马拉松赛已是国际田联白金标赛事。前人无论如何也预想不到，厦门建设一条四十多公里长的环岛公路，并用它来举办国际马拉松赛。细心的朋友容易发觉，鹭岛在形状上与过去相去甚远。这个岛屿长胖长圆，最大的原因，是不断地填海，岸线一直在裁弯取直，尤其自浮屿以北，疏港路以西乃至高殿，再往东至机场北片区，再经五缘湾片区至会展中心一带，是厦门填海的集大成者。厦门岛逐步变成今天的大饼状，是当代人类的改造使然。或许正是因为岛屿形状发生了剧变，导致当下人们严重怀疑这座岛屿曾经形似飞鸟。

或许是怀着美好的想象，或许是望文生义，种种文艺作品都把鹭岛与白鹭直接勾连了，成就了"白鹭—鹭岛—市鸟"三段论。人云亦云，市鸟白鹭几乎翻转成为"鹭岛"的来由。

小贴士

知名物种与城市形象

当今一座稍具规模的城市，常有市树、市花乃至市鸟，这是城市形象工程的一部分，通过吸引人们关注当地最具代表性的树木花鸟，展示独特的城市识别标志，促进人们自觉热爱自然、保护生物。改革开放以来，各个城市竞相评定各自的市花、市树。厦门开明开放，市树凤凰木与市花三角梅均为外来物种，凤凰木原产于非洲马达加斯加，三角梅原产于南美洲，均经引种驯化，引入厦门的历史当在百年以上。厦门大学毕业季，恰逢厦门市树凤凰花盛开的时节，厦大学子就经常用"凤凰花开"制作文案，寻找共情的符号。在厦门对外交往中，有些动物也被当成吉祥物，比如厦门国际动漫节，其特别奖项就命名为"金海豚"奖，当与厦门海域有国家保护动物中华白海豚密切相关。

白鹭洲畔说白鹭

话分两头说。在厦门岛生齿日繁之前,白鹭就是这方水土的主角、常客,尽管白鹭不是厦门独有的禽鸟,鹭岛不是直接得名于白鹭,但在众多厦门人眼里,鹭岛与白鹭,是硬币的两面。白鹭,寄托着人们诸多美好想象,给厦门城市文化增添不少亮色。有时,善意的误会也是美,将错就错也不失为一种处世方法。厦门白鹭,贵为一市之鸟,名闻四海,所以我们要重视之、爱护之。白鹭,不仅仅是飞鸟,其实还是厦门形象识别符号之一。

白鹭属,为鸟纲—鹈形目—鹭科—鹭亚科—白鹭属,共有13种,其中常见的有黄嘴白鹭、岩鹭、白鹭、大白鹭、中白鹭、雪鹭。黄嘴白鹭,厦门是其模式种产地,英文称为Swinhoe's Egret或者Chinese Egret。前者是以英国驻厦门副领事斯温侯(Robert Swinhoe)的英文名字命名的,斯温侯首次在厦门发现黄嘴白鹭并命名,厦门系黄嘴白鹭的模式种产地;后者则通常译为"唐白鹭"。说到模式种,华南虎,学名Panthera tigris amoyensis,即"厦门虎",这是外国动物学家1858年在厦门发现并记载命名的。也就是说,黄嘴白鹭与华南虎,厦门均为模式种产地,这是厦门与动物界的独特缘分。黄嘴白鹭1996年起列入中国濒危动物红皮书濒危等级，2021年2月起列入中国《国家重点保护野生动物名录》，属一级保护动物。

厦门黄嘴白鹭是模式种，但现在在厦门不容易寻觅到。据了解，过去厦门市环保局专门委托厦大海洋系的师生在大屿岛研究繁育黄嘴白鹭。白鹭，作为一市之鸟，自然是开展公众环保教育的最好题材之一，可以用来教育大家热爱禽鸟，热爱野生动物。对待动物的态度其实能说明一个社会的文明程度，但凡对飞禽走兽有感情的，自然会摒弃捕食销售野生动物的不良行为。

据本地观鸟人士所提供的信息，厦门除了黄嘴白鹭外，比较常见的白鹭属还有小白鹭、中白鹭、大白鹭，其中大白鹭是冬候鸟，中白鹭、小白鹭是留鸟。白脸鹭对于厦门来说，是迷鸟。岩鹭，有黑、白两色，厦门极少见。白鹭属之外，还有池鹭属、夜鹭属、牛背鹭属、鹭属、绿鹭属等。

大白鹭（黄少毅　拍摄）

厦门诸多雕塑或绘画作品里不乏大白鹭。大白鹭，体型大，身长87～110厘米，颈部粗长、可扭结，在厦门是冬候鸟，种群数量趋于稳定。大白鹭于2000年8月列入国家林业局发布的《国家保护的有益的或者有重要经济、科学研究价值的陆生野生动物名录》。

厦门白鹭洲牌坊（黄少毅　拍摄）

二十世纪七十年代初，出于备战备荒及以粮为纲的指导思想，厦门决定实施筼筜港围垦工程，成立厦门市筼筜港围垦指挥部，自1970年7月29日到1971年9月12日，有组织填筑筼筜港西堤。围垦之后，筼筜港化为筼筜湖，水位已经比外海低，原本宽阔的水域变成内湖。最初计划利用围海造田6700亩，也因其时厦门岛淡水资源极度缺乏而成泡影，于是污水横流、藏污纳垢。各类机构单位纷纷填湖占地，争相蚕食，于是曾经多达十来平方公里的水面迅速缩小，最低值时仅为1.5平方公里。1990年前后湖中还愣生生用建筑土头填出一座人工湖心岛，一度建设众多二层砖混临时建筑，用于安置厦禾路拆迁居民周转。

为了治理筼筜湖，自1988年以来，厦门遵循"依法治湖、截污处理、清淤筑岸、搞活水体、美化环境"20字治理方针，累计投入筼筜湖流域污染治理费用20亿元以上，兴建两座污水处理厂，实施截污工程，进行四轮清淤。引入西海域海水入湖，改善水质并确保湖区现有1.5平方公里以上的水体面积。除大暴雨等特别气象外，基本实现筼筜湖流域晴天污水不入湖。环湖周边工业企业陆续关停外迁，逐步消除污染根源。1997年7月，市人大通过《厦门市筼筜湖区管理条例》，为依法治理提供依据。经过长久的治理，如今筼筜湖及周边片区已成为生态环境保护的模范样本，白鹭洲已建成一处美丽的开放公园，被喻为厦门城市会客厅。

厦门筼筜书院大门（黄少毅　拍摄）

湖心岛后来被命名为"白鹭洲",并建成白鹭洲公园,公园入口门坊门额处,由本地知名书法家谢澄光题名"白鹭洲"。当代的厦门白鹭洲,与历史上的"鹭洲"没有直接传承关系,但这地名肯定是受到厦门鹭岛之名、市鸟白鹭的影响。2003年前后,曾有将厦门市图书馆选址在现在的筼筜书院的位置的设想,当时倘若实现,现在肯定是一文化地标。后来该地块建有一书院,名为筼筜书院,并在2017年成为金砖国家领导人会晤的重要接待场所之一。

厦门白鹭洲公园一隅(黄少毅 拍摄)

在距"白鹭洲"大门不及300米处,有一人工堆出的无名小岛,面积在0.05平方公里上下,为厦门白鹭自然保护区,目前该小岛矗立一座拥军爱民"三连冠"主题雕塑,引人注目。厦门另一处白鹭自然保护区在大屿岛,位于厦门西海域,与鼓浪屿、海沧东屿相距数百米，面积仅为0.186平方公里，1995年设立白鹭自然保护区，加上白鹭洲无名小岛，顶多不到0.23平方公里，对于市鸟来说，寸土寸金，殊为难得。

厦门大屿岛（黄少毅　拍摄）

除了大屿岛、筼筜湖无名小岛白鹭自然保护区，厦门还有西堤闸口，这是观看白鹭的绝佳景点。每逢白天高潮前，通常会有数百只白鹭自发提前飞抵闸口，齐刷刷站立于水闸两边堤岸，等候开闸纳潮进水，此时便是白鹭叼鱼的好时机。民间的说法是闸口进水口，水流有落差，鱼儿易暴露，有利于白鹭抓捕。该处堤岸北侧建有数十米观鸟墙，可在不惊扰白鹭的前提下，让市民近距离观察白鹭。我期待厦门将来建设一个以白鹭为主题的湿地公园，通过开展系列活动，宣传保护野生鸟类，让白鹭等涉水禽鸟在厦门这片故土能够多子多福、生生不息。

小贴士

鹭岛说鹭

鹭，见于《诗经》"振鹭于飞，于彼西雍"，自古有之，并非新奇飞禽。鹭科鸟类在中国有20种，大白鹭、中白鹭、小白鹭、黄嘴白鹭、岩鹭等都属于白鹭。白鹭除了羽毛洁白外，还有嘴长、颈长、脚长等特征。闽南民间对纯白的物体有所忌讳，倒霉时常以"白脚蹄"自嘲，对通体白色的白鹭也略有偏见。五口通商后，西风东渐，纯白婚纱屡见不鲜，也冲击着旧有的好恶观念。

在厦门，但凡有水泊处，就有白鹭的身影。在厦门，鹭不仅是涉水飞禽，还承载着诸多人文记忆。以鹭江或白鹭命名的就有道路、宾馆、雕塑、派出所、舞蹈团、公证处、街道办事处、生态保护区等。

白鹭文化添光彩

厦门岛，数百年来拥有"鹭岛""鹭江"的雅称、别称，城市有市鸟白鹭，自然会有丰富的文化遗存。据前面所述，厦门对白鹭的情感是别的城市难以比拟的。睁开眼，可以随处见到白鹭、鹭岛对城市的影响。

"鹭"，在厦门有广泛的应用，常见于各类企事业单位名称。目前有小白鹭民间舞团、鹭江街道办事处、鹭江号游艇、鹭江派出所、鹭江职业大学、鹭江公证处、鹭江宾馆、翔鹭大酒店、白鹭宾馆、鹭江道……。存在就是合理，近代工商主体以鹭江为名的甚多，对"鹭江"一词的广泛使用起到推波助澜的作用。

为鼓励和表彰来厦门工作的外国专家的突出贡献，厦门市政府从2004年开始设立"白鹭友谊奖"，每两年评选一次。白鹭，因此成为厦门的友谊使者。

厦门"白鹭友谊奖"勋章（王奕新　拍摄）

厦门小白鹭民间舞团，成立于1993年10月，是厦门市组建的一个专业民间舞艺术表演团体。2012年9月，划转为厦门小白鹭民间舞艺术中心，与厦门艺术学校实行"校团合一"的管理模式。厦门小白鹭民间舞艺术中心以其浓郁的中国民族民间舞蹈表演风格、独特的闽南地方特色、精湛的演技享誉海内外，堪称厦门市的烫金名片。在国内外各类舞蹈比赛中，获奖三百余项，多次应邀参加文旅部和中央电视台的演出，曾50余次代表国家、省市出访五大洲，被赞誉为"中国民族艺术之花"。

厦门小白鹭艺术中心（陈章志　拍摄）

陆玑《毛诗草木鸟兽虫鱼疏》写道，鹭，水鸟也，好而洁白。《现代汉语词典》写道，鹭：鸟，嘴直而尖，颈长，飞翔时缩着颈，生活在水边。正由于全身洁白且颈长，洁白清高、引颈观察，古时人们在白鹭身上寄托着"清官"梦。白鹭，常被古人用来与清官、监察御史相比拟，对于当前廉政文化建设有现实意义，中共厦门市纪律检查委员会、厦门市监察委员会的网站,就命名为"鹭岛清风",甚为契合,颇有地方特色。

以"鹭岛"冠名的,除了"鹭岛清风"网站,在厦门还有"书香鹭岛"全民阅读活动。据不完全统计,厦门市民中名字带"鹭"字的,已不下8000人,且以年轻人居多,可见厦门市民对市鸟白鹭倾注了真挚感情。

厦门大学校徽

正是展翅白鹭与拼音xiamen的缘故,厦门出现众多把"x"与飞鸟合体的logo。比如厦门国际武术大赛标志等。厦门电视台第二版台标,一度是一只展翅的白鹭形成一个大写的"x"。银鹭食品是厦门知名品牌,银鹭把银城与鹭岛结合起来,是一个优秀的创意。厦门Amoy一名,与广州Canton一样,是两座城市早期与西方打交道而诞生的洋名字,声名远扬,算是国际化的地名。如今,厦门大学校徽仍使用拉丁语Amoiensis。倘若申办国际赛事或对外交往,Amoy排名必是靠前,可大大节省对外推广成本。Xiamen,以"X"打头的词汇少之又少,外国人少有可以准确念出"厦"的去声。把Amoy与Xiamen做比较，利弊一目了然，却只能怃然。原以为Amoy与Xiamen，只是两个单纯的名称，没想到这地名已深入城市文化的肌骨。

小贴士

市鸟白鹭

　　世界多姿多彩，以植物代表城市稍嫌不足，飞鸟走兽更显生动。1986年厦门市确定市树凤凰木、市花三角梅，同步推出市鸟白鹭。评选厦门市鸟时，评委、市民均中意白鹭，最主要的原因在于"鹭岛"观念已经根深蒂固，非"鹭"莫属。

　　以白鹭为市鸟，国内有厦门、济南、防城港、吉首、新北、曲阜（鹭鸶）、三亚（黄嘴白鹭）。山东省济南市2008年确定白鹭作为市鸟，2009年办全运会白鹭就作为吉祥物派上用场，市鸟与市树、市花成为当年济南城市形象文化工程元素之一。韩国水原市、日本姬路市也以白鹭为市鸟。2023年1月，厦门市又新推出城市形象主标识及卡通形象"鹭可"，这是厦门城市识别符号及整体形象的递进。

　　一座城市，主角不仅有人物，也有动物。久而久之，动物就融入城市文化里。在厦门，除了白鹭以外，还有文昌鱼、中华白海豚、华南虎、栗喉蜂虎等声名远扬。中华白海豚，厦门民间称之为"妈祖鱼""镇港鱼"，出海捕鱼时若不慎捕捉了，习俗上必须予以放生。鼓浪屿钢琴码头南侧，就立有一尊中华白海豚的雕像。文昌鱼，是珍稀名贵的海洋野生头索动物，仍保持5亿多年前的形态，几乎没有任何进化，为国家二级野生保护动物，厦门市于1991年建立文昌鱼保护区。华南虎，厦门是模式种产地，关于虎的地名有虎头山、虎仔山、虎巷、虎溪、虎园路等。白鹭、鹭岛与厦门更是缠缠绵绵，难舍难分。

展望鹭江几乡愁

　　鹭岛因海而兴，特区因台而设，两岸一水之隔，有割舍不了的亲情。厦门与金门是姊妹岛，近在咫尺，隶属厦门管辖的小岛角屿与大金门马山距离更在2000米以内，可以相互听到对面公鸡的啼鸣声。厦门与金门，本地熟知水性的游泳好手可泅渡至对岸。至2024年，由厦门、金门联合承办的"厦金海峡横渡"已进行过12届，厦金横渡的主标识即取意于两门对渡。除了台北与厦门飞机直航以外，现在厦门与金门每天均有船班来往，"小三通"已成为台湾、金门同胞出入大陆的主要通道之一，两岸交通班次之频繁、往来之便捷，令人难以想象。现在厦门乃至福建致力于建设台胞登陆第一家园，积极构建两岸交流合作的桥梁通道。站在鹭岛东北隅的五通码头，看着两岸船来船去，人流如潮，再回想两岸对峙时，一度以炮弹相互攻击，更别说人员正常往来，而在和平年代，双方联合举办横渡游泳活动，令人感慨万千。

　　除了人员往来，有时还有生灵。每到夏天，总有成千上万的鸬鹚，每天清晨从金门岛飞到厦门园博苑水域觅食、嬉戏，黄昏时分再返回金门栖息过夜，其阵势甚为壮观。厦门、金门地处九龙江口，这一片海域是中华白海豚的乐园，在白海豚的眼里，肯定没有水域划线管理的概念。厦门与新北市，两地都认白鹭为市鸟。神灵也不甘落后，每年厦门、泉州都有送王船的习俗，沿海居民打造木船，奉上牲礼果品，侍奉船上的神像，在隆重祭祀仪式之后，一船物品及神灵就任由海潮随波逐流，有的就漂洋过海到了台湾或金门，再被异地居民迎奉上岸开枝散叶。倘若得空，在鹭岛的寻常巷陌啜一口铁观音或岩茶，听一听南音、歌仔戏，细究两岸百姓的族谱世系以及妈祖、慈济、王爷等信俗，会有更多的认同与亲和感。

　　城市日新月异，总让人不由得滋生怀旧与乡愁。旧的不去，新的不来。新的来了，我们却怀旧了。青岛、哈尔滨、北京各自有各自城市品牌的啤酒，我们厦门曾经也有过，鹭江啤酒一度是厦门冷冻厂的品牌产品，可惜消失了。改革开放四十多年，发生了日新月异的变化，有时我们不见得要用多少经济运行的数据来说明问题。其实，只要回想曾经喝过的啤酒、穿过的运动服、住过的房舍、换过的通信工具，一座城市更新发展史就直接涌现出来了。

　　鹭江职业大学，创办于1981年，为厦门经济特区建设培养了大量实用型人才，2004年经教育部批准专升本并更名为厦门理工学院，校部从鹭岛搬迁至集美天马山西南麓，原有岛内部分则成为思明校区。厦门理工学院，至2025年6月占地约1800亩，下设19个院、部，开办59个本科专业，全日制在校生约2万名，教师1200余名。

鹭江剧场，1942年建设，原名"金城戏院"，红极一时，1953年扩建，更名为"鹭江剧场"，2014年因年久失修拆除。鹭江剧场曾经让数代厦门人留下美好记忆。

别称，是城市文化的一部分。文化建设是一项久久为功的事情。市鸟是一座城市文化昌明的象征之一，但这只是一个开端，还要有重要文化平台、内容来支撑。

厦门白鹭城市形象与卡通形象主标识

2023年1月12日，中共厦门市委宣传部举办厦门城市形象标识体系发布会，正式对外公布厦门白鹭城市形象logo和卡通形象主标识。主图案由"厦门"拼音首字母"x、m"变形而来，图案似一只振翅飞翔、一飞冲天的白鹭，又如竖起拇指点赞的手势，寓意厦门拥抱世界，脱颖而出，一飞冲天。蓝绿白三种颜色代表厦门海滨城市、绿色生态和开放包容等特质。卡通形象主标识鹭可，英文名为"Look"，无论普通话、闽南话还是英语发音都非常接近。鹭可的招牌动作有两个：一个是蜷起左腿"白鹭独立",展现调皮性格;另一个是头顶三根羽毛作爱心状,体现可爱的一面。厦门正在致力建设"高素质高颜值现代化国际化"城市,而这一城市形象,正是白鹭与鹭岛最新版的联结演绎。

我追踪过关于"鹭江"的文化机构,现在厦门有小白鹭民间舞团、社科联"鹭江讲坛",有鹭江出版社、鹭风报等。将来经济文化高度发达,或许会适时催生"鹭江学者""鹭江文库"等。

我曾作打油诗一首《云顶怀古》:"悠悠厦门三大宗,鹭岛思明郑成功。南陈北薛桃李村,金浯相望如伯仲。"云顶岩是厦门最高峰,金浯是指金门、浯洲,是厦门的兄弟岛。三大宗,说的是鹭岛、思明、国姓爷为厦门三宝,是厦门地方文史界心心念念的三大关键词,是厦门有别于其他城市的三大特色。

文化,不全是回头看,有时还要朝前看。国姓爷郑成功屯兵厦门、金门,厉兵秣马,北伐东征,驱荷复台,不愧是民族英雄。鹭岛鹭江,于当代于未来,均具浪漫与张力,将有助于厦门的文化旅游业的蓬勃发展,必将续写厦门的新篇章。鹭岛、鹭江这对别名,对于厦门,如同一双翅膀,将让厦门飞得更高更远。

小贴士

地名"思明"

　　厦门与"思明"有不解之缘，具深厚政治色彩，有"隔代亲"的特点。思明，初时与明朝有直接关系，厦门大学校长林文庆在1936年就著有一书，名为《厦门——思念明朝之岛》。思明州，源自民族英雄郑成功的命名，这一名称使用于1655—1680年，满打满算也就25年，于历史长河无非沧海一粟，但对于厦门岛而言，"思明州"却是头一回升格，具开创性意义。思明州，有清一朝，官方绝不允许有思明州的提法。这一名称也就随郑成功政权的消亡而消亡。辛亥革命后，1912年4月析同安县厦门岛、金门岛设立思明县，1912年9月升为思明府，旋废。1914年，改为厦门道、思明县。1915年金门诸岛自思明县析出设置金门县。1935年4月，以厦门及鼓浪屿等7个岛屿设厦门市，撤销思明县设禾山特种区。1950年10月，厦门市设立开元、思明区等5区，1966年—1979年思明区改名向阳区，1979年10月恢复为思明区，2003年厦门市进行区划调整，原开元、思明、鼓浪屿三区整合而成思明区。

后记

一个岛，一座城，四面海。说不清厦门有什么磁力，吸引着无数个像我这样外来的"新厦门人"。

1992年秋天我落脚厦门，因工作关系，不时穿行在岛内岛外的名胜之间。脚下的这片土地，从筼筜港到筼筜湖的变迁，从摩崖石刻到牌坊匾额，从地方史志到古旧地图，从历史人物到市井凡夫……但凡本土的、独特的，似乎都让我着迷，令我想一探究竟。

业余时间，我在文物古迹中探寻，在故纸堆里爬梳。这些年来，陆陆续续发表了数十篇随笔，并时不时到博物馆做志愿者，在图书馆、高校或社区办讲座，总离不开一个主题：讲述厦门故事，传播地方文史，分享发现感悟。一路走来，现学现卖，难免趔趄窘迫，却依然乐此不疲。

我对图书存有敬惜之心，如今的工作又正好与出版印刷发行业和全民阅读推广相关，却从未亲历过一本书诞生的全过程，于是萌生了撰写一本《鹭岛故事》的念头。这本小书侧重讲述地方文史，兼顾当代鹭岛故事，以抽丝剥茧的方法，整理史料，追溯同安、嘉禾、中左、思明、厦门等地名的演变，论证鹭岛之名并非源于白鹭鸟，而是因形得名，即厦门岛平面地形犹如一只鹭鸟。自明朝隆庆年间起，厦门文人官绅以"鹭"为厦门岛命名，在丁一中、傅钥、池浴沂、池显方、阮旻锡、薛起凤、杨国春等名流士绅的持续推广下，这一做法逐步被世人接受。"鹭岛"这一别称，最早大约出现于460年前。近代，基于音韵、意境等因素，"鹭江"这一称谓一枝独秀。

　　白鹭在厦门古来有之，白鹭与鹭岛开始产生密切的关联，大致始于20世纪20年代。1986年被确定为厦门市鸟后，白鹭在厦门的地位与日俱增，"鹭"的身影更是遍布厦门社会生活的方方面面。而对白鹭文化的演绎，是"鹭岛"外延的扩大，也赋予了厦门独具魅力的文艺气质。

　　《鹭岛故事》，是一个爱书人的行为艺术，也是一次不揣浅陋的小小尝试。它的顺利付梓，要感谢厦门大学出版社的信任，感谢责任编辑韩轲轲的付出。承蒙中国出版协会理事长邬书林先生、厦门晚报社原总编辑朱家麟先生赐序，不胜荣幸而又忐忑。本书的大部分图片，出自朋友黄少毅之手，地图等资料，则由叶清、郑东二位先生慷慨提供，在此一并致谢！

　　因本人才识有限，书中错漏难免，衷心期待读者朋友不吝指教。

陈章志
2025年8月7日立秋